成長戦略と企業法制

D&O保険の先端 I

D&O保険実務研究会 編

商事法務

はしがき

　日本経済の活性化が日本の重要課題であると指摘され、成長戦略のあり方に注目が集まっている。また、グローバル化の進展に伴い海外での成長戦略を志向している日本企業も多い。しかしグローバル化の進展は、世界におけるさまざまな事象が日本企業の経営を直撃する。いずれにしても内外の動向は、制度的な変革を伴う場合が少なくなく、しかもそのなかには企業法制の変革を伴うことも多い。それゆえ企業法制の変革、とりわけ企業の経営者の民事ないし刑事上の責任のあり方に関係する変革にいかに対処するのかは、当然のことながら企業の重要な経営課題となる。

　こうした状況を踏まえ、株式会社商事法務の発刊にかかる「成長戦略と企業法制」シリーズは、成長戦略がもたらす各種の企業法制の変革に対し企業及びその関係者がいかに実務現場で向き合うのかについて、いくつかの重要テーマを横断的に取り上げ、企業に信頼できる処方箋の提供を意図したものである。本書は、その一冊として、D&O保険と呼ばれる会社役員賠償責任保険についての専門家による徹底的な検討の成果をとりまとめたものである。

　ところで成長戦略において「攻めのガバナンス」という用語が使われているとおり、そこには、日本経済の長い停滞は、企業経営者が企業価値向上のために果断に経営判断を行う姿勢、すなわち、リスクをとる経営が足りないのではないかとの問題意識がある。確かに経営判断にはもちろん失敗するものもあるが、失敗を過度に恐れ、とるべきリスクもとらなくなるのでは、企業価値の向上はあり得ない。「攻めのガバナンス」が叫ばれるゆえんである。しかし経営判断の時点において経営者が企業価値の向上となると誠実に信じて行った判断といえども、経営判断は「不確実な未来への跳躍」に他ならないから、必ずしも常に良い結果をもたらすものとは限らない。また経営判断

はしがき

　をした経営者個人に過大な法的責任が課されるとなると、リスクをとるべきときに、リスクをとらない経営判断に傾きがちとなる。要するに、経営者は、リスク回避的行動をとりがちとなり、その結果、「攻めのガバナンス」は実現しなくなる。

　D&O 保険は、まさに経営者が安心してリスクをとるべきときに、それをとることを実現させる効果がある制度である。経営判断が、裏目に出たときでも、D&O 保険が、経営者を守ってくれるからである。わが国においてD&O 保険は、代表訴訟の増加に伴い、注目され、積極的に導入された経緯があるが、その保険料の会社負担は、経営者のモラルハザードを助長する等の議論から、保険料は、経営者個人の負担とすべきであるとの考え方が主流であった。しかし近時は、経営者が安心してリスクをとるべきときにそれをとる経営がなされることは、企業価値の向上につながり、ひいては企業のすべてのステークホルダーを満足させることにつながるから、会社負担とすることには合理性があるとの見解が有力となり、2015 年 7 月には政府指針（経産省会社法解釈指針）によりその保険料の全額会社負担が許容されることとなった。

　そこで本書は、こうした D&O 保険をめぐる新しい動きを踏まえつつ、それが円滑に機能するためのさまざまな論点について、「D&O 保険実務研究会」を設けて、精力的に検討を積み重ねてきた。日本の D&O 保険は、理論的にも実務的にもまだまだ論点が多いところ、「D&O 保険実務研究会」においては、まさに学界と実務界とのコラボレーションにより、活発な議論が交わされた。そしてわが国企業の D&O 保険の真の活用に大いに資する成果が得られたものと判断したので、ここにその成果を世に問い、また大方のご参考に供することが有益と考えた。もとより本書の最終的な評価は、読者の判断にゆだねられるが、われわれとしては、密かに自負するところがあるといわねばならない。

最後に、本書の刊行に当たっては、株式会社商事法務書籍出版部の小山秀之氏に大変お骨折りをいただいた。この場を借りて厚く御礼申し上げたい。

　平成29年3月

　　　　　　　　　　　　　　　　研究会を代表して
　　　　　　　　　　　　　　　　東京大学名誉教授　落合　誠一
　　　　　　　　　　　　　　　　　　　弁護士　武井　一浩

D&O 保険実務研究会　委員名簿

（五十音順）

（委　員）東京大学名誉教授　落合 誠一（座長）
　　　　　東京大学大学院法学政治学研究科准教授　後藤 元
　　　　　西村あさひ法律事務所 弁護士　武井 一浩
　　　　　東京海上日動火災保険株式会社企業商品業務部責任保険グループ
　　　　　　　　　　　　　　　　　　　　　課長　増永 淳一
　　　　　西村あさひ法律事務所 弁護士　松本 絢子
　　　　　西村あさひ法律事務所 弁護士　矢嶋 雅子
　　　　　オリックス株式会社リスク管理本部リスク統括部研究開発チーム
　　　　　　　　　　　　　　　　　　　担当部長　山越 誠司

（事務局）西村あさひ法律事務所 弁護士　田端 公美
　　　　　西村あさひ法律事務所 弁護士　岩間 郁乃

　　　　　　　　　　　　　　［肩書は 2017 年 4 月 1 日現在のもの］

目　次

はしがき　i
D&O保険実務研究会　委員名簿　iv
用語・略語リスト　ix

第1章　D&O保険について（総論）

1　はじめに ………………………………………………………………… 1
2　D&O保険の概要 ……………………………………………………… 5
　(1)　D&O保険とは何か　5
　(2)　会社補償の明確化等に伴い（Side Aを中心としてきた）日本のD&O保険も変わる　8
　(3)　日本のD&O保険にはまだキャパシティがある　9
　(4)　D&O保険は責任保険なのか費用保険なのか　15
　(5)　D&O保険料開示の弊害　18
　(6)　D&O保険への加入の状況　21
　(7)　D&O保険と周辺の保険商品との関係　23
　(8)　Side Cについて（日米の違い等）　26
　(9)　会社提訴訴訟のカバー　31

第2章　保険料の全額会社負担の解禁

1　D&O保険の保険料の税務上の取扱いの変化 ……………………… 33
　(1)　新国税庁取扱い　33
　(2)　全額会社負担になる場合の税負担　35
2　役員の個人負担が求められた経緯 …………………………………… 36
　(1)　役員の個人負担を残す必要性が乏しいこと　36

v

目　次

　　（2）　アメリカで全額会社負担が認められた経緯　40
　3　会社法解釈指針で示された手続 …………………………………… 41
　　（1）　社外取締役の同意の位置づけ　41
　　（2）　D&O保険を株主総会で決議することのメリット・デメリット　44
　　（3）　D&O保険の決定における利益相反処理　46
　4　会社法解釈指針で示された手続実施にあたっての実務上の留意点
　　　……………………………………………………………………………… 49
　　（1）　取締役会決議が必要になる頻度　49
　　（2）　指名委員会等設置会社における取締役会決議　51
　　（3）　取締役会決議による承認のタイミング　52
　5　社団法人の役員とD&O保険 ……………………………………… 53
　6　会社全額負担解禁のインパクト ………………………………… 53
　　（1）　会社全額負担についてのリアクション　53
　　（2）　保険会社側の対応状況　54
　　（3）　企業側の対応状況　56
　7　グループ会社とD&O保険 ………………………………………… 58
　　（1）　子会社をD&O保険に加入させる意味　58
　　（2）　子会社の訴訟等のリスク算定の方法　59
　　（3）　一括して加入した場合と個別に加入した場合との保険料の差異　61
　　（4）　子会社をD&O保険に加入させる場合の記名式・無記名式の違い　62
　　（5）　保険料の負担者　63
　　（6）　親会社が子会社にD&O保険の保険料の負担を求める場合の根拠　65
　　（7）　子会社からD&O保険の保険料の負担を拒まれる場合　66
　　（8）　子会社役員の保険料個人負担の要否　68

第3章　免責条項／告知義務／通知義務に関する実務上の諸論点

　1　想定事例 ………………………………………………………………… 71
　2　免責の分離条項 ……………………………………………………… 74

⑴　免責事由の種類・類型化　74
　⑵　免責事由の分離に関する論点の所在　81
3　類型ごとに免責事由の分離の有無に差がある理由 ……………… 83
　⑴　公序良俗の観点に基づく免責事由　83
　⑵　損害賠償請求方式の観点等からの免責事由の分離性　84
　⑶　旧ポリシーで払うか新ポリシーで払うか　87
　⑷　「遅滞なく通知」の解釈　92
　⑸　損害賠償請求がなされる「おそれ」の役員別の範囲　97
　⑹　通知が認められるのが「合理的に予想される状況」に限定されている
　　理由　101
4　告知の分離条項 ……………………………………………………… 102
　⑴　告知義務と告知の分離条項　102
　⑵　契約締結時点での告知義務の考え方　107
　⑶　アメリカの完全分離／限定分離の考え方　108
　⑷　イギリスの複合保険／合同保険の考え方　110
　⑸　告知義務違反の効果　112
　⑹　告知義務と質問応答義務とのリンク　114
5　告知義務、通知義務の時系列についての整理 …………………… 116
　⑴　時系列に沿った論点整理　116
　⑵　告知義務違反の有無　118
　⑶　Y1で「損害賠償請求の蓋然性」があった場合の通知義務と保険金の
　　支払　118
　⑷　株主代表訴訟と損害賠償請求のおそれ　120
　⑸　何をもって「おそれのある通知」があったと認定するのか　121
　⑹　第三者委員会が設置される場合は「おそれのある」場合に該当するか　123
　⑺　マイナーな法令違反への対応の場合　124
　⑻　Y1で支払限度額を使い切ってしまった場合には買増し　124
　⑼　先行行為不担保特約／保険会社を変更することに伴うリスク　125
　⑽　時　効　127

目　次

　　6　延長報告制度との関係 …………………………………………… 128
　　　(1)　延長報告期間　128
　　　(2)　損害賠償請求のタイミングと「遅滞なく」通知の意義　129
　　7　保険会社の変更に伴う実務上の留意点 ………………………… 132
　　　(1)　保険会社を変えることのリスク・デメリット　132
　　　(2)　先行行為担保特約条項　133
　　　(3)　2社の保険に個別に加入した場合　134
　　8　D&O保険とその他の保険との関係 …………………………… 137

資　料　編　　139
委員略歴　　178

用語・略語リスト

用　　語	意　　味
D&O保険	会社役員賠償責任保険。保険契約者である会社と保険者である保険会社の契約により、被保険者とされている役員等の行為に起因して、保険期間中に被保険者に対して損害賠償請求がなされたことにより、被保険者が被る損害を塡補する保険。
経産省報告書	平成27年7月24日、経済産業省「コーポレート・ガバナンス・システムの在り方に関する研究会」から出された「コーポレート・ガバナンスの実践　〜企業価値向上に向けたインセンティブと改革〜」と題する報告書。
経産省実務検討ポイント	経産省報告書の別紙2「会社役員賠償責任保険（D&O保険）の実務上の検討ポイント」〔資料1〕。
会社法解釈指針	経産省報告書の別紙3「法的論点に関する解釈指針」〔資料2〕。
新国税庁取扱い	平成28年2月24日付け国税庁個人課税課・法人課税課「新たな会社役員賠償責任保険の保険料の税務上の取扱いについて（情報）」（個人課税課情報第2号・法人課税課情報第1号）〔資料3〕。
旧国税庁取扱い	平成6年1月20日付け国税庁長官「会社役員賠償責任保険の保険料の税務上の取扱いについて」（課法8-2・課所4-2）〔資料4〕。
新型契約	新国税庁取扱いに基づき、普通保険約款等において株主代表訴訟敗訴時担保部分を免責する旨の条項を設けないD&O保険（普通保険約款等において設けられている株主代表訴訟敗訴時担保部分を免責する旨の条項を適用除外とし、普通保険約款等の保険料と株主代表訴訟敗訴時担保部分の保険料が一体と見なされる旨の特約を追加で付帯したものを含む）をいう。
旧型契約	旧国税庁取扱いに基づき、株主代表訴訟担保特約を設けたD&O保険をいう。
Side A	役員個人が損害賠償責任を問われるケースをカバーする補償（personal coverage）。株主代表訴訟、第三者訴訟、証券訴訟のいずれの訴訟類型でも、適用されうる。

用語・略語リスト

Side B	役員が損害賠償責任を負う場合に、一定の条件の下、会社が役員に対してその損害を補償（会社補償）したときに、会社に保険金が支払われる補償(corporate indemnification coverage)。
Side C	法人有価証券賠償責任補償ともいう。役員個人と会社が双方訴えられた場合に、損害賠償責任を負った会社に対しても保険金の支払いを認める補償（entity coverage）。

第1章
D&O保険について（総論）

1　はじめに

　落合　本研究会の開催にあたり一言挨拶致します。お忙しい皆様方にお集まりいただき、感謝致しております。ところで、D&O保険は会社役員自身も必ずしも十分には理解していないのが現状と思われます。しかし、会社役員の損害賠償責任をカバーできるかどうかは非常に大きな問題です。経営者が安心して経営に専心できるかどうかに大いに関係するからです。そのわりには、経営者や会社等においてD&O保険についての認識が不十分であるということもあり、また他方、研究者サイドでも一応D&O保険の研究はあるにはあるのですが、その研究成果を広く産業界に訴えかける、あるいは説得的提言等をするといった動きが出てくるというところまでいっていません。

　そういった状況の中で、平成27年7月24日に経済産業省の「コーポレート・ガバナンス・システムの在り方に関する研究会」から「コーポレート・ガバナンスの実践～企業価値向上に向けたインセンティブと改革～」と題する報告書（「**経産省報告書**」）、「会社役員賠償責任保険（D&O保険）の実務上の検討ポイント」（「**経産省実務検討ポイント**」〔資料1〕）や「法的論点に関する解釈指針」（「**会社法解釈指針**」〔資料2〕）等が公表されており、そこにありますD&O保険についての問題指摘というのは非常に刺激的なものであります。ようやくこれでD&O保険についても日が当たるという感じで、みんなで議論できるような環境ができていくのではないかと思っております。そうだといたしますと、知見をさらに深めて、的確な、そしてよりよいD&O保

険を日本に定着させる絶好の機会であり、したがって、この時機に研究会を開催するのは非常に有益ではないだろうかということで、ぜひ忌憚ないご意見を出していただいて、わが国のD&O保険をさらによいものにするという目標に向かって、いささかでも貢献できればと思っております。どうかよろしくお願いします。

武井 ありがとうございます。では皆様から一言ずつご挨拶をお願いします。

後藤 東京大学の後藤です。私は会社法と保険法が専門なのですが、その2つが交錯する領域ということで、D&O保険には以前から興味を持っていました。

アメリカでは、D&O保険が会社のガバナンス、特に株主代表訴訟などにどういう影響を与えているかという研究があるのですが[1]、では日本ではどうなのかという点に関心があります。ただ、日本では、会社が保険料を払ってよいかどうかという論点くらいしか議論がなく、実務についても、保険契約者となる会社も保険会社も何も開示してくれないので、アプローチのしようがなくて困っていたところです。したがって、今回は、こういう研究会に参加させていただいて、実務がどうなっているのかということを伺えるのを非常に楽しみにしているところです。また、すでに公表されているかと思いますが、公益社団法人商事法務研究会に会社法研究会が設置されまして[2]、私もメンバーに加えていただいています。この研究会では、次の会社法改正に向けた検討が行われており、たとえば平成26年改正の附則が定めている同改正の施行2年経過後の社外取締役に関する見直しなども含めて検討することになっているのですが、検討課題の1つとしてD&O保険や会社補償の話も上がっています。この関係も、ぜひいろいろと勉強させていただければと思っています。

増永 東京海上日動の増永と申します。日常の実務で賠償責任保険全般の

---

[1] Tom Baker & Sean J. Griffith, Ensuring Corporate Misconduct: How Liability Insurance Undermines Shareholder Litigation (University of Chicago Press, 2010).

[2] https://www.shojihomu.or.jp/kenkyuu/corporalelaw

アンダーライティング（引受け）を担当しています。

　D&O保険ですが、日本では平成5年に株主代表訴訟の手数料を引き下げる商法改正が行われたタイミングで和文での販売を開始しています。その後、商法、会社法等の法改正のタイミングで普通保険約款を改定したり、企業のニーズに応じて特約を新設する等の手法で柔軟に商品内容を変更してきています。保険技術的な観点では、普通保険約款をあまり変更せずに特約条項で補償内容を広げる、という従前の保険商品との連続性を重視する改定手法を取ってきた場面が多いと認識しています。最近のトレンドとしては、経産省報告書や経産省実務検討ポイントで示されたように、ガバナンス関係、特に社外取締役がより就任しやすい環境作りという観点で、D&O保険に求められる役割が変わってきているといえる状況だと認識しています。このD&O保険実務研究会は、そういうガバナンスをめぐる環境変化に対応していくために、D&O保険のあり方を含めて、あらためて議論させていただくよい機会だと思っています。日常の保険会社での実務対応や、企業の実務の中でD&O保険がどういう取扱いをされているのかといったところも含めて、ぜひ議論させていただきたいと思います。どうぞよろしくお願いいたします。

　山越　オリックスの山越です。自社のリスク管理と新規事業の研究開発をしています。D&O保険に関しては、私はこれまで保険会社、保険仲介者、保険契約者の三者での経験がございますので、それぞれの立場を踏まえた上で、何かしらお役に立てる発言ができれば幸いです。特に今後、D&O保険の補償内容が充実していく過程で、保険会社や保険契約者が直面する課題や、D&O保険に隣接する分野の保険の発展の可能性まで言及できればと思っています。ここでのコメントは自分の個人的見解になりますので、私の限られた経験と知識という制約を受けますが、それでも過去に遭遇したユニークな体験も踏まえながらお話しさせていただければと思います[3]。

　武井　ありがとうございます。当研究会の事務局は西村あさひ法律事務所

---

[3]　2017年4月時点の自己紹介である。

の者が務めて参ります。参加者は、武井、矢嶋、松本、田端、岩間の各弁護士となります。皆さん、簡単に自己紹介をお願いします。

矢嶋 西村あさひ法律事務所の矢嶋です。私は、企業を当事者とする紛争解決一般に広く携わっておりますが、特にD&O保険との関係では、保険会社が当事者となる紛争対応のほか、保険会社に保険約款解釈に関する助言等を多く手がけております。この研究会では、紛争解決や約款解釈の実務の場面からも、コメントをさせていただければと考えております。

松本 同じく西村あさひ法律事務所弁護士の松本です。私は、国内外のM&Aのほか、コーポレートガバナンスや保険、HR・ベネフィット関連等を含む企業法務一般を幅広く扱っております。D&O保険については、先般の経産省報告書等を受けて企業の関心も高まっていると感じており、この研究会での議論が、各企業において最適なD&O保険とはどのようなものかを検討する一助となればと考えております。どうぞよろしくお願いいたします。

武井 弁護士の武井です。先ほどご紹介がございました会社法解釈指針を出した経済産業省のコーポレート・ガバナンス・システムの在り方に関する研究会において委員を務めておりました。

D&O保険については、保険料の個人負担の是非を含め、従前から問題意識と関心を持っておりました。

D&O保険に関するご相談も徐々に増えつつあります。先ほど皆様のおっしゃったとおり、D&O保険は、ガバナンスのあり方ということに絡んできます。しかし、日本ではD&O保険に関するいろいろな議論がまだ少ないと思っています。海外のD&O保険が必ずしも先端的といえるのかどうかはいろいろな評価があるかもしれませんが、海外では新しくない論点とか、そもそもまったく議論されていない論点とか、いろいろな利害調整が必要になる場面が出てくるかと思いますので、そういった点をさまざまな形で柔らかい頭で皆様と議論できればと思っています。想定事例の検討をして、個別の論点について議論したいと思っていますが、まずは、D&O保険とは何かということを松本弁護士から簡単に説明をお願いします。

2　D&O 保険の概要

(1) D&O 保険とは何か

松本　D&O 保険と呼ばれる保険、これは実際の約款等では「会社役員賠償責任保険」という形で書かれていると思うのですが、先ほどもお話の出ました経産省実務検討ポイントでは、D&O 保険は、「保険契約者である会社と保険者である保険会社の契約により、被保険者とされている役員等の行為に起因して、保険期間中に被保険者に対して損害賠償請求がなされたことにより、被保険者が被る損害を填補する保険」と定義されています。D&O 保険は、一般的には「役員」の責任を対象としていますが、商品によっては、たとえば、被保険者となる役員を多少拡張して、執行役員のような従業員の立場ではあるがマネジメントに関与している方を含めるなど多少その範囲に差はあるかと思います。

日本の D&O 保険は、通常、普通保険約款（会社役員賠償責任保険普通保険約款）と呼ばれる金融庁の認可を受けた約款において、役員の個人責任に関して保険カバーをしています。この普通保険約款に加えて、株主代表訴訟担保特約やその他のいろいろな特約条項をつけており、普通保険約款と特約条項を全体として保険契約と位置づけていることが多いのだろうという認識です。

今回の経産省報告書が出る前におきましては、会社法上、いわゆる会社補償と呼ばれるものを認めるような明文規定がなかったので、解釈上会社補償が認められるのだろうかというところがまだはっきりしていませんでした。かなり前には、会社補償の有効性について議論もなされていたところではあるのですが、近時は特に明確にならないまま、議論もあまりされていないという状況でした。そのため、日本の D&O 保険においては、その保険契約上、会社補償を前提とした規定は置かれていないのが一般的だったのではないかと思います。

これに対して、アメリカなどの D&O 保険におきましては、保険カバーの

対象となる責任が、いわゆる Side A、Side B、Side C に分けられています。
「Side A」は会社役員個人の損害を対象とするもの、「Side B」は会社補償をした場合の会社の損害を塡補するもの、「Side C」は証券訴訟における責任等を対象とするものをいい、これらの3つの保険類型が1つになった形で D&O 保険という1つの保険契約を構成している場合が多いようです。

今回経産省報告書が公表されたことによって、会社でももっと実際に会社補償を実施していこうという動きが出ているので、この流れが広がっていくと、日本の D&O 保険も Side B のような形で会社補償を保険カバーの対象としたものが増えてくるのではないかと推測しています。

その他、D&O 保険にまつわる議論としましては、経産省実務検討ポイントにおいて7つ取り上げられています。①塡補限度額の追加、②告知と免責事由の分離、③争訟費用の前払い規定、④会社が損害賠償請求した場合の補償、⑤保険契約終了後の補償の継続、⑥退任役員の補償、⑦組織再編に伴う補償の継続です。これらの論点の中にはおそらくアメリカ等ではすでに十分に議論がなされていて、ある程度落ち着いた形で契約上規定が設けられているところもあるかとは思いますが、その点日本ではまだ多少ばらつきがあるのではないかというところです。そこで、経産省実務検討ポイントにより、今後その会社が D&O 保険に加入・更新するにあたって、このあたりをチェックするとよいのではないかという提言がなされているところです。

この点も含めて、普通保険約款に関しましては、規定内容としてこの点はどうなのだろうかとか、アメリカなどの実務と比べてこういう点が違うのではないかといった議論がいろいろとできるだろうと考えています。

従前、株主代表訴訟担保特約部分に係る保険料の会社役員負担部分については、国税庁の通達（「旧国税庁取扱い」〔資料4〕）等を踏まえ、多くの企業では、D&O 保険全体に係る保険料の10％程度を株主代表訴訟担保特約部分に係る保険料として算出して、これを役員に適宜配分した額を役員個人から天引き等により支払ってもらっていたのではないかと思います。経産省報告書では、この点について会社が100％負担することも認めてよいのではないかという指摘がなされています。会社が D&O 保険の保険料を全額負担した

場合に、従前役員が個人負担していた部分については報酬であるとして会社法上の報酬規制がかかるのかや、税務上の取扱いがどうなるのかというところが実務上は気になってくるところであると思いますが、このうち、会社法の解釈上の懸念点については今回の経産省報告書でクリアできたという認識でおります。さらに、税務上の取扱いについても平成28年2月24日に公表されています(「新国税庁取扱い」〔資料3〕)。

　続きまして、会社補償との関係というところで、先ほども言いましたがSide Bの前提となる会社補償を日本法上どういう形で実施していくことが実務的に可能か、あと、会社における手続や、今後従来のD&O保険にSide Bを付け加えるとするとどういう形で入れていくのがよいのかといったところを議論することが考えられます。

　さらに、日本でも一部の会社ではもうすでに導入している会社があるようですが、グローバル社会といわれる現代ではいろいろな国に子会社などを持っている企業も結構多く、D&O保険もグローバル・プログラムとして、日本でマスター証券を購入して、各子会社のある国で必要に応じて現地証券を買って、全世界で統一的に管理するというところも近時少しずつ増えてきているのではないかと思われます。この点について現地の保険法規制との関係や、グローバル・プログラムでカバーする対象をあまりに広げてしまうことによって、共通で費消することになる保険支払限度額を想定外に費消してしまうのではないかという懸念等、簡単にはクリアできない問題点もいろいろとあるかと思いますので、そのあたりも今後の日本企業のグローバル展開を見据えて議論できればと考えています。DIC（Difference in Condition）、DIL（Difference in Limit）については、一般的にマスター証券と現地証券の内容がずれることも多く、たとえば低額の現地証券を購入して、その超過額をマスター証券で埋めるというような場合や、現地の保険法や保険業法との関係でカバーできない部分をマスター証券でカバーするというような場合も見受けられるようであり、そのあたりで何か問題がないかという点や、タワー型補償ということで複数の保険会社から保険を購入して1つの保険プログラムとして作り込むことによって、保険金の支払限度額を上げるというと

第 1 章　D&O 保険について（総論）

ころも近時グローバル企業においては結構見られるところだと思います。特に金融関係の会社やアメリカ等での証券訴訟の対象となりうるような会社は、リスク管理という観点で、複数の保険会社と契約しているところなどもありますので、このあたりの問題点にも触れられるとよいと思っています。

武井　細かいところまで入ってしまって申し訳なかったのですが、このように D&O 保険を取り巻くいろいろな論点があります。まずは、D&O 保険とは何かということ、あと日本の D&O 保険の現状のご紹介からお願いします。

(2) **会社補償の明確化等に伴い（Side A を中心としてきた）日本の D&O 保険も変わる**

増永　日本の D&O 保険は、アメリカなどの D&O 保険と比べると会社法等のサポートがない中で成り立ってきたのは事実です。

今、ご説明がありましたように、日本の会社法上、会社補償ができるのかどうかということについて、会社補償を認める明文規定はありませんし、経産省報告書や会社法解釈指針では会社法上も有効とのことですが、D&O 保険が作られた頃には、Side A で役員個人の責任を保険で守ることすら後ろ向きにとらえ、会社補償について「会社補償すべきではない」との風潮もある状況でしたので、個人の役員の責任のみをベースとして作られています。つまり、Side A、B、C のうち、Side A のところを中心に作ってきたので、普通保険約款も Side A だけを担保するような形の普通保険約款になっています。Side B のところは会社法上も規定がありませんので、Side B に関するカバーは普通保険約款では規定されていません。Side C については、情報開示に関する会社の責任を補償する特約という形で一部補償していますが、D&O 保険とは何かというと、通常、日本では Side A のみのものが D&O 保険だというのが、これまでの大方の認識でした。

これまでの状況と比べると、日本でも会社補償ができるということになって D&O 保険のあり方が相当変わってきていると思います。従来の日本の D&O 保険の引受けですと、たとえばアメリカ子会社が入っているような

ケースについて、アメリカでは会社補償が認められていますので、アメリカ子会社に限って会社補償についても D&O 保険で補償するとの特約を付けた引受けを行ってきましたが、今後は、日本でも会社補償を行う企業が増えてきて、現在のアメリカ同様に Side A と Side B が揃っている保険が求められると思われます。このような状況を受けて、新たな形態の D&O 保険が開発されすでに販売されています。この新たな形態のパッケージ型 D&O 保険については、今後、別の章の中で議論できればと思います。

(3) 日本の D&O 保険にはまだキャパシティがある

　増永　日本で特徴的なのが株主代表訴訟担保特約分保険料の役員負担の問題ですね。これも和文の D&O 保険の認可を取るときに法務省や当時の大蔵省などとも協議した上で、役員敗訴部分についての補償だけ特約で切り分け、その特約保険料を個別に表示するという対応をしています。その上で、個別に分けた特約保険料を税法上は個人負担だという取扱いにするといった三位一体というか、税負担や保険料負担のあるべき姿を踏まえた、制度に相当程度ビルトインされた約款でスタートした経緯があります。この点について、たとえば今後は会社の保険料負担を全面的に認めて構わないとなると、D&O 保険のあり方としては、もはや特約として分ける必要がなくなるのだと思います。

　落合　日本の D&O 保険商品というのは、保険会社にとっては割りがよい保険なのか、それとも悪い保険なのか、現状どのような感じなのですか。

　増永　日本のこれまでの D&O リスクについては、欧米等と比べてそれほど高い状況ではありませんので、全体感で申し上げると、たとえば一昔前の海外 PL 事故の訴訟に対応する賠責保険のように、保険会社が毎年保険料を上げていくとか、引受けを見合わせざるをえないとか、そういった状況にあるとは認識していません。保険料は個々の企業のリスクに応じて、個別に保険料を設定していますので、高い低いという評価をすることはできませんが。

　落合　キャパシティとしてはまだ十分にあると。

第1章　D&O 保険について（総論）

　増永　キャパシティは十分あります。ニーズとの比較では、キャパシティに対してニーズがこれまでは高まってきていないと認識しています。これは保険料の個人負担の問題も結構影響が大きいと思っていまして、企業の実務対応として、役員 10 人だと 10 で割って個人負担額を算出するようなことが行われると思うのですが、法務部や総務部が支払限度額を引き上げたいという稟議を持って行きますと、総論賛成なのですが、じゃあ自分の保険料はいくらなのかという段になると反対する人が全員でないにしても出てくる、と。そうすると、その 1 人のために引上げができないということが実際に生じていると聞いています。役員が望むキャパシティを提供するという観点では、今回の役員負担の見直しは、D&O 保険のあるべき姿に結構近づくためのきっかけになると思います。

　武井　今、日本企業はグローバル進出をしていて、海外のいろいろなリスクへのエクスポージャーが従前よりも高まっています。そこに対してリスク管理が果たして充分なのかという課題があると思うのですが、各国ごとの保険業法の縛りや管轄の問題はありつつも、日本で入る D&O 保険がなんらかの形で海外でのリスク・エクスポージャーに対して効くとなると、海外へのリスク・エクスポージャーの観点からむしろ D&O 保険にもっと加入したほうがよいということはあるでしょうか。

　山越　今の日本の普通保険約款を前提に考えますと、海外のリスク・エクスポージャーとして想定できるのが最近にわかに脚光を浴びている独占禁止法違反や FCPA 違反などです。ただ、それで何か事故が起きて、親会社の株主代表訴訟にまで発展するというのが今のところ事例は多くないと思うのです。

　武井　代表訴訟以外にも証券訴訟やいろいろな第三者訴訟もあります。それが日本で起きる、もしくはアメリカなどで起きるというときに、日本のほうで D&O 保険に入っていることでどういうメリットがあるでしょうか。

　山越　証券訴訟の部分では日本の普通保険約款でも役員個人のことはカバーされています。

　増永　日本の D&O 保険の場合には、アメリカの証券取引関連の会社に対

する損害賠償請求については原則として免責としていますね。

　武井　日本の役員がアメリカで訴えられても、日本の D&O 保険でカバーされるのでしょうか。

　山越　もし全世界担保になっていれば、アメリカの裁判管轄でも補償されます。

　武井　アメリカや新興国やヨーロッパでもいろいろな厳しい規制がある中で、証券訴訟やらカルテルやら FCPA もそうですが、日本の企業ですからやはり日本でまずは保険に入っておきたいという要望はあるのでしょうか。現地分は現地で入るという保険業法等の規制があるのでしょうが、やはり最後日本の役員も一定の責任を追及されることがありうるときに、まずは日本の D&O 保険でどうカバーするかを日本の保険会社と相談したいというニーズがないでしょうか。

　山越　事業会社の感覚からすると海外で独占禁止法なり FCPA なりで何かあったとしても、親会社の役員の責任追及まではかなり遠く、そこまで波及しないと思われている感じがします。そのため、海外の規制を意識して日本の D&O 保険に入っておきたいと思うかどうかは、被保険者の範囲が関係してきます。被保険者が日本の親会社の取締役、監査役あるいは執行役までだったら、なかなか D&O 保険のトリガーが引かれないと思います。一方で、管理職従業員まで被保険者に含まれている場合、その管理職従業員クラスの人がアメリカの子会社ではオフィサーとして働いているとすると、そのオフィサーとして訴えられて D&O 保険が必要になるということは出てくると思います。ただ、もし日本の普通保険約款に入っている限りは、別途個別に対応されているケースはあると思いますが、被保険者の範囲を管理職従業員まで大きく広げているというのはあまりないのではないでしょうか。

　武井　特約ならあるという感じでしょうか。

　山越　そうですね。被保険者の範囲を広げるという特約で対応している場合はあると思います。あるいは保険証券に被保険者を列挙するところがあり、そこに管理職従業員も含むというような記載がなされていれば、D&O 保険は機能してくると思います。

第1章　D&O保険について（総論）

〔図表1-1〕役員・被保険者の定義および被保険者追加特約条項（約款例）

第3条（用語の定義）	
用　語	定　義
役員	会社法上の取締役、執行役および監査役、ならびにこれらに準ずる者として保険証券の被保険者欄に記載された地位にある者であって、法令または定款の規定に基づいて置かれたものをいいます。会計参与および会計監査人を含みません。
被保険者	会社のすべての役員をいい、既に退任している役員およびこの保険契約の保険期間中に新たに選任された役員を含みます。ただし、初年度契約の保険期間の初日より前に退任した役員を除きます。 また、役員が死亡した場合はその者とその相続人または相続財産法人を、役員が破産した場合はその者とその破産管財人を同一の被保険者とみなします。

被保険者追加特約条項（執行役員・管理職従業員用）
第1条（役員）
　この特約条項が付帯される保険契約において、次の者は、会社役員賠償責任保険普通保険約款（以下「普通保険約款」といいます。）第3条（用語の定義）に規定する役員に該当するものとみなします。
① 　執行役員
② 　管理職従業員

第2条（用語の定義）
　この特約条項において、次の用語の意味は、それぞれ次の定義によります。

用　語	定　義
執行役員	会社の取締役会決議により選任された者のうち、会社の業務の執行を担当する者をいい、会社法上の取締役、執行役または監査役を除きます。
管理職従業員	会社の取締役会決議により会社法上の「重要な使用人」として選任された者をいい、執行役員を除きます。

　増永　〔図表1-1〕の約款例第3条を見ていただくと、補償対象とする役員の範囲について、普通保険約款では、通常、取締役、執行役、監査役までとしていますが、被保険者追加特約条項で執行役員や一部の管理職従業員を

含めておりますし、そこまで含めるのが標準的な引受方式となっています。

松本 この特約は一般的に入れられているものなのですか。

増永 通常は自動付帯するという位置づけにしていますので、執行役員や一部の管理職従業員は補償対象に含まれています。ただし、これらの方々が実際に責任を追及されるケースが頻繁に想定されているかというと、そこまでではないというのが日本の状況だと思います。

武井 海外進出の活発化でリスク・エクスポージャーがいろいろ上がっている中で、保険というのは1つの重要なリスク管理の仕方ですよね。

落合 先ほどの特約で、執行役員の用語の定義が〔図表1-1〕にあります。これは執行役員に該当するためには、執行役員の選任を取締役会決議でやらないといけないということなのですね。

増永 執行役員については会社法上の規定がなく、企業により選任方法が異なるのかもしれませんが、約款例では「会社の取締役会決議により選任された者」と定義しています。

落合 取締役会決議でやるところもあるし、やらないところもあるということですね。監査役（会）設置会社であれば、一般に重要な使用人として取締役会の決議が必要となります。他方、指名委員会等設置会社や監査等委員会設置会社では、権限委譲をすべてすれば、取締役会の決議は必要でなくなります。したがって、取締役会の決議を取らないところはこの執行役員の定義にはあたらないということになりますね。そうすると、執行役員として行動していても管理職従業員として被保険者に該当すると考えるのでしょうか。

増永 管理職従業員について、約款例では「会社の取締役会決議により会社法上の『重要な使用人』として選任された者」と定義していますので、執行役員と同様に取締役会の決議を前提にしています。指名委員会等設置会社や監査等委員会設置会社で権限委任されている場合は、執行役への委任に際して取締役会決議が必要とされていますので、執行役による選任を取締役会決議によるものとみなしています。また、先ほど申し上げたように執行役員や管理職従業員については、標準的に役員の範囲に含めてお引き受けしてい

るのですが、D&O保険の対象に含めるか否かについては、保険料分担の問題もありましたし、どこまで含めたいのかという点は企業によってニーズが異なりますので、個別の企業のニーズに応じて対象者の範囲を広げたり狭めたりという対応をすることが可能です。

後藤 現状の日本のD&O保険市場におけるニーズはどうなのでしょうか。上場企業の9割くらいはD&O保険に入っているということをどこかで耳にしたことがあるのですが、そのような理解でよろしいでしょうか。というのは、今回の経産省報告書や商事法務の会社法研究会などの議論の背景には、社外取締役の候補者からすると十分な保険もないのにこんなに怖い仕事を引き受けることはできないですよねという懸念があるのだと思うのですが、この2年ほどは社外取締役の候補者の売り手市場だったとすると、そういう候補者の方がD&O保険について保険金額やカバー範囲などに関する要望を出すことはなかったのでしょうか。また、アメリカでは、有名なバンゴーコム事件（Smith v. Van Gorkom事件）[4]があって、それで責任保険マーケットが一時フリーズしたというような現象がありましたが、日本では、たとえば取締役に高額の損害賠償責任を課した大和銀行事件の地裁判決[5]が出たときに、そういう現象はなかったのですか。

山越 そういう現象はなかったのです。あったら今の保険水準にはなっていないと思います。

武井 だいたい上場会社平均で支払限度額は5億円くらいでしょうか。

山越 東証一部上場であれば10億円くらいでもおかしくはないかもしれません。新興市場であれば5億円やそれ以下でもありうるでしょう。

---

[4] 488 A.2d 858 (Del.1985)。取締役会での合併契約の承認が十分な情報を集めてされたものでなかったことについて、社外取締役に会社に対する注意義務違反を認定し、数百万ドルに上る損害賠償責任を認めた1985年の全米に大きな衝撃を与えた判決である。社外取締役への就任拒否が広がり、役員へのD&O保険や責任限定の拡充などへもつながっていった。

[5] 大阪地判平成12年9月20日判時1721号3頁。

(4) D&O 保険は責任保険なのか費用保険なのか

松本 次に、D&O 保険の性質が責任保険なのか費用保険なのかについて議論したいと思います。

D&O 保険の中では、Side A については、会社役員が負う損害賠償責任を補償するということで、責任保険的な側面がメインになるのではないかと思います。

他方、会社役員が負う損害賠償責任を会社が補償することによって被る会社の損害を担保するという Side B については、会社の費用を負担するものと考えると、費用保険という側面もあるように思われます。

D&O 保険の中には責任保険の部分と費用保険の部分があるといえ、「会社役員賠償責任保険」という名前ではありますが、責任だけではなく費用的なものも保険カバーの対象にしています。実際に、現在の D&O 保険においては、特約でいろいろな費用を補償する保険が付いています。

武井 責任保険、費用保険の概念は、たとえば、Side A が責任保険で、Side B が費用保険という分け方ではたして正確なのでしょうか。

増永 必ずしもそうではありません。責任保険とは、被保険者が損害賠償責任を負担することにより生じる損害を担保する保険をいい、一般的には、被保険者が賠償責任を負担することによる損害賠償金のほかに、争訟費用つまり自らの弁護士費用が補償されます。Side B は役員の賠償責任を会社が補償することによる責任として、責任保険であるといえます。また、Side C についても、会社の第三者に対する損害賠償責任を担保するものとして、同様に責任保険であるといえます。

これに対し、費用保険とは、事故によって被保険者が被る費用損害を担保する保険のことをいいます。会社や役員が負担するさまざまな費用をパッケージにした D&O 保険の中には、刑事関連で役員個人が負担する費用など、争訟費用以外の費用を幅広く対象にしている商品もありますので、パッケージ型の D&O 保険について、既存の D&O 保険と区別する意味で、「責任保険の部分だけでなく費用保険の部分もある」と表現することはあると思います。

第 1 章　D&O 保険について（総論）

責任保険と費用保険は主にどういう損害を担保するかという観点での区分ですので、通常は「Side B や Side C は費用保険なのか」と聞かれると、「Side B や Side C も責任保険です」と答えることになりますね。

松本　Side B も責任保険なのでしょうか。役員が負担したものを会社がさらに補償しているという点に着目すると、責任保険というよりも費用保険のようにもみえますが。

増永　Side B については、会社補償契約があって、その契約に基づく責任を担保するものということで、責任保険ととらえるほうがしっくりきます。リスク評価の観点では、対象となるリスクは役員が負担する賠償責任であるという点では、Side A と同じ性質ですし、Side B は Side A とは性質が違うととらえる必要はないと思います。

武井　争訟費用の補償まで責任保険に含まれると考えると、特約を含めた D&O 保険全体が責任保険になるわけですね。

増永　そうですね。責任保険を小さくとらえると、法律上の損害賠償責任を補償する部分だけを責任保険ということができます。つまり、争訟費用は被害者に給付するものではなくて、自分が負担する弁護士費用なので、費用保険の性格を有しています。ただ一般的に賠償責任保険では争訟費用を担保しますから、わざわざ争訟費用部分を切り離して費用保険であると整理してはいませんね。

山越　純粋な責任保険であれば被保険者が第三者から責任追及訴訟を受けても、勝訴して責任なしとの判決があれば保険者には保険金支払義務がないわけですが、現在保険市場で販売されているほとんどの賠償責任保険が被保険者の責任の有無を問わず損害賠償請求があれば争訟費用について保険金支払がなされる約款構成になっているのと同様に、D&O 保険においても、責任保険契約に付随して責任がない場合の防御費用も補償します。すなわち、責任保険に付随して費用保険としての機能があることになります[6]。あるいは、費用保険と責任保険は密接不可分の関係にあり、防御に成功すれば賠償金も軽減できるので費用保険の被保険者に対する権利保護機能も付随的とい

---

[6]　大森忠夫『保険法〔補訂版〕』（有斐閣、1985）220 頁〜221 頁参照。

うより本質的な機能であるともいえるわけです[7]。

武井 保険法の理論的に、責任保険ならばこうだ、費用保険ならばこうだといったプリンシプルの違いは何でしょうか。

後藤 責任保険になると、保険法22条によって、損害賠償請求権を有する者、つまり被害者に保険金請求権についての先取特権が認められていますので、被保険者が破産した場合に被害者は保険金から優先的に回収できるという効果があります[8]。責任保険は被害者を保護するという側面があるので、そのための規定です。一方、費用保険は、被保険者が自分で支出した額の補填を受けるだけですので、このような規定はありません。

たとえば自動車保険では、自分が加害者になってしまったときにコールセンターで事故対応をいろいろとやってくれます。あれも厳密に言えば、その部分は損害賠償責任をカバーしているわけではなくて、加害者が自分で事故対応のために弁護士を雇って、その費用を保険会社に後で請求することに代わって、保険会社が対応していることになります。自動車保険は、基本的には責任保険ですが、自車損害をカバーする部分は通常の損害保険ですし、また費用保険的な部分もあります。ただ、その内容を厳密に区別するということはしていないように思います。

---

[7] 西島梅治「責任保険――不当請求の防禦を中心として」契約法大系刊行委員会編『契約法大系Ⅴ（特殊の契約1）』（有斐閣、1963）286頁～287頁、田辺康平「責任保険における保険事故――特に『権利保護機能』との関連においての考察」『保険契約の基本構造』（有斐閣、1979）239頁参照。

[8] 保険法22条
1 責任保険契約の被保険者に対して当該責任保険契約の保険事故に係る損害賠償請求権を有する者は、保険給付を請求する権利について先取特権を有する。
2 被保険者は、前項の損害賠償請求権に係る債務について弁済をした金額又は当該損害賠償請求権を有する者の承諾があった金額の限度においてのみ、保険者に対して保険給付を請求する権利を行使することができる。
3 責任保険契約に基づき保険給付を請求する権利は、譲り渡し、質権の目的とし、又は差し押さえることができない。ただし、次に掲げる場合は、この限りでない。
　一　第1項の損害賠償請求権を有する者に譲り渡し、又は当該損害賠償請求権に関して差し押さえる場合
　二　前項の規定により被保険者が保険給付を請求する権利を行使することができる場合

(5) D&O 保険料開示の弊害

後藤 アメリカでは、調査会社が保険金額などのマーケット状況に関するレポートを出すこともあるようですが、日本ではそういう情報は存在しないのでしょうか[9]。

山越 公にはあまり出されていないですね。

後藤 そうしますと、保険金額が5億円の場合、それで弁護士費用等が足りるのか足りないのかといったことは、加入する側はどうやって判断しているのでしょうか。また、支払実績はどれくらいあるのでしょうか。D&O保険に入っておいてよかったという話があるのであれば、ニーズは感じるでしょうし、逆に入っていなくて痛い目にあった人がいたのであればもっと感じるのでしょうが、その辺の情報は伝わっているのでしょうか。

山越 保険に入っていれば保険金支払のなされた事例もあるでしょう。ただ、代表訴訟はわりと報道されたりすることもありますが、第三者訴訟の事例はあまり大きく報道されることが少ないので実態を掴みにくいようです。それでも第三者訴訟に関する保険金請求はあります。契約違反、情報開示義務違反、会社破綻時における債権者からの請求、不当解雇、ハラスメントなどさまざまです。

武井 他方で、保険に関する開示をしてしまうと、保険金がどれくらい下

---

[9] 2006年～2014年に提起された日本の株主代表訴訟50件の損害賠償請求について調査した結果によれば、損害賠償請求額が2億円以下の請求が最も多いが、100億円超の巨額な請求がなされている訴訟も一定数存在する。その訴因としては、経営判断の誤りを問う事例が半数弱の22件、カルテル・談合、不正経理、贈賄・違法献金等の違法行為に絡んだ事例が半数の25件（うちカルテル・談合関連が最も多い14件）であった。そのうち、把握できた決着済みの案件25件のうち、経営判断の誤りを問う訴訟10件では全件で役員の責任が認められていないのに対して、違法行為に絡んだ訴訟15件では、1件を除き、いずれも和解により決着しており、請求額の一部ではあるが役員が何らかの賠償金を負担している（東京海上日動リスクコンサルティング株式会社「増加する株主代表訴訟と求められる対策」リスクマネジメント最前線No.17（2014））。

上場企業および上場企業に匹敵する非上場企業125社の常勤役員の77.0％がD&O保険に加入しているとされる。その内訳は、1,000人以上の企業では90.2％、300人～999人の企業では74.2％、300人未満の企業では60.7％がD&O保険に加入しているとされる（労務行政研究所編集部「2012年役員報酬・賞与等の最新実態」労政時報3835号（2012）91頁）。

りるのかということをベースにした提訴や和解金額の交渉を誘発してしまうという弊害も指摘されます。そこも含めて企業はやはり保険の話は外には言いたがらないのでしょうね。

矢嶋 通常、外部に保険の填補額は無論のこと、付保しているか否かも積極的には開示はしないものと思われます。無闇に開示すれば、いくらまでだったら訴えた場合に保険会社から回収できる、だから訴えようという考えを誘発しかねませんので。

先ほど、和解金額なども保険でどれくらい下りるのかをベースにした交渉を誘発してしまうという話が出ましたが、実際に保険会社が裁判所に和解の席で参考人として呼び出され、保険金が下りるかどうかを質問された例もあります。

武井 ちなみに最近保険料を開示すべきという議論も一部にはあるのですが、そういうのはどう思われますか。

山越 支払限度額ではないわけですよね。

武井 はい。ただ、保険料で保険の填補額のほうも推測できてしまうという効果や、各保険会社の上場会社としてのガバナンスのレーティングがわかってしまうという弊害とか、開示するのが本当に株主のためになるのですかという議論も他方にあるので、結論はそんな単純な話ではないと思います。

増永 何のために開示するのかというところと開示の効果を踏まえて検討する必要があると思います。企業にとって、開示による不利益も考えられますので。

後藤 アメリカでは成功報酬目当ての弁護士がD&O保険の範囲内で訴えて和解で落とすことを目的とした訴訟が多いという批判が昔からあります。保険金額を開示しないほうがよいというのは、そういう訴訟をさらに誘発するだけで、それで保険料がさらに上がるということなので何もよいことがないというのはあります。

他方で、会社関係の訴訟や役員の責任は本来、規律効果のために存在しているのに、D&O保険に入っており、結局訴えられてもさっさと和解すれば

よいだけなので、その規律が実は効いていないのではないかという指摘があります。多分役員の主観はそんなことではないと思うのですが。そうすると、やはりD&O保険に入っていると訴訟による緊張感がないということもありうるので、D&O保険に入っているのだったらちゃんとそれを示すと。そうすると訴訟ではない形で規律をしなければいけないという方向に行くわけです。たとえば、経営者側に有利な形で敵対的買収の防御をしても、事後的に株主代表訴訟で争う余地があるからよいという理屈は成り立たなくなると思うのです。では、D&O保険がなくなるとよいのかというと、多分そこまで言う人はいない。保険金額や保険料のほかにも、後から話が出るかもしれませんが、たとえば、保険契約の内容として、アメリカでは、裁判で終局的に判断されない限り法令違反による免責を主張しませんという規定が入っているといわれているのですが、その開示をするということも考えられるかと思います。このような規定があると和解で落とせば大丈夫ということになるので、これが保険金額と合わせて開示されると、短期的には一番狙われやすくなる可能性があるのですが、訴えられやすくすることが開示の目的ではもちろんなく、むしろ開示させることによって、株主からの圧力等によってこういった条項が消えていくことを期待するという考え方はあるかと思います。問題はそれには一定の時間がかかるところで、短期的な影響とのいずれを重視するかということになるかと思います。

　武井　「終局判決でない限り免責を主張しない」でないとしたら、終局判決以外でも免責を主張することになる。ということは、結局保険会社の合理的裁量で免責かどうかが決まるということになりますよね。

　後藤　和解でも免責を主張します、と規定すればよいと思います。アメリカの民事訴訟システムの中で、ディスカバリーの費用を嫌ってトライアル前に和解で落とすというインセンティブがあるところで免責から和解を抜いているので、そういう濫訴が起きてしまう。日本では、訴訟手続が違うので少し違う話になるとは思いますが。和解の場合にも和解内容で法令違反でしたということを認めたのだったら免責を主張するが、それまでの防衛費用は払うと規定しておけば、和解でも法令違反を認めないことはありうるので限界

はありますが、それなりに濫訴は抑えられるのではないかと思います。
　武井　費用面よりは、損害賠償金のほうを狙っていると。
　後藤　取締役側の弁護士費用は原告代理人の利益にはならないですよね。保険会社側も費用でどんどん出ていくよりは、和解でおしまいというほうがよいのではないでしょうか。結局、困るのはその会社の一般株主だけという状況になるので、それはよくないという批判があるのだと思います。
　武井　やはり保険者という第三者が登場することでいろいろ出てくるということですね。最近M&Aの世界でも表明保証保険（Representations & Warranties Insurance）というのが出始めていて、いろいろな変化球で、普通の買収よりも難しさが出てきているのですが、D&O保険についてもいろいろな論点が出ますね。

(6)　D&O保険への加入の状況

　武井　Side Bはやはりこれから日本でも中長期的なものを含めて出てくるでしょうという理解がよいでしょうか。
　増永　経済産業省の会社法解釈指針を踏まえて、会社補償を検討する会社は出てくるでしょう。Side Bのニーズという点では、これまでの会社補償はできないと思われていたという世界と、今後の会社補償ができるという世界とを対比すると、会社補償ができるのであればSide Bもあるのが当然ですねと。会社補償が認められるのであれば、保険会社がSide Bを提供しない理由はないので、そういう企業にはSide AとSide BがセットのD&O保険を提供していくことが当然の帰結かと思います。
　後藤　現実に何社ぐらいの保険会社がD&O保険を扱っているのですか。
　山越　外資で5、6社、日本の保険会社も5、6社でしょうか。
　武井　合わせて10社強くらいですか。
　後藤　お客さんとしては上場企業しかないのでしょうか。
　武井　非上場会社は入るのですか。
　増永　非上場会社もお引き受けできます。
　武井　上場会社の子会社などでなくても入るわけですね。

第1章　D&O保険について（総論）

　　増永　はい。代表訴訟のリスクが皆無でも、役員の第三者訴訟リスクがあります。代表訴訟がない場合には、保険料の負担問題はないかもしれません。役員の責任を問うという点では、最近では社団法人なども会社法並びで役員（理事・監事）の責任について法律で規定されていますので、そういった法人にはニーズがあります。独立行政法人やその他の法人でも、ガバナンスの強化の中で役員責任の規定が設けられており、これらの法人から照会がありますので、ニーズが広がってきているのだなと実感しています。

　　山越　あと非上場会社は、ファンドが株主に入ってくると、D&O保険を検討されることが多いです。あるいは相続でいろいろな方に株式が相続された結果、少数株主が増え、顔も見たことのない株主が入ってきてしまうと、D&O保険の必要性を感じて入られているようです。そういう意味では歴史の長い非上場企業は潜在的にD&O保険のニーズがあるのではないでしょうか。D&O保険イコール上場会社のものという認識は払拭されるべきだと思います。

　　武井　海外から外国人の方等に社外役員として来てもらうのであれば、D&O保険も重要だと思いますが。

　　山越　そういう事例はやはりあります。海外から役員として来てもらうときに、そちらの国の専門家に一応相談するはずなので、そこで日本の保険証券を送ってくれと。英文ならそのまま見て判断をして、こことここを改善すべきだみたいな話になりますし、和文の約款であれば英文の参考訳を送ってもらって、そこでチェックしてということは実際に起きていると思います。

　　武井　保険に入る時期なのですが、事業年度末とのリンクはあるのですか。たとえば3月末の会社はだいたい何月にD&O保険の契約の更新をするとかはあるのですか。

　　山越　役員の選任後ということで、7月1日が多いのではないですか。

　　後藤　新しい役員の方の了解をとるからですか。

　　山越　そうですね。特に何の決まりもないですが、そこに満期が集中しています。

　　武井　あと保険の契約期間は1年でなければいけないのでしょうか。これ

は、役員が1年任期なのとは、関係があるのでしょうか。

山越 一般的に1年契約です。

増永 通常の損害保険の仕組みとしてそうなっていますね。

松本 保険会社も保険契約者である会社もリスクを1年ごとに見直す必要があるからですよね。

後藤 ちなみに、10億円とか5億円という限度額は、毎年きれいになるのですか。去年3億円使ってしまったというときに翌年の保険金額はまた5億円に戻るのでしょうか。

増永 保険期間中の限度額を設定しますので、通常は1年間で5億円という形です。毎年限度額5億円で契約していると仮定すると、ある年度で3億円使ったとしても、その残額である5－3＝2億円は翌年の限度額には追加されず、翌年の限度額はまた5億円になるということです。

武井 2億円分の枠の繰越しはしないのですね。

山越 繰越しはしないです。

松本 3億円の保険金が支払われるような保険事故が起こった場合は、限度額は変わらずに、保険料が上がるということでしょうか。

増永 お支払をした翌年度の保険料は見直されることが多いと思います。

(7) D&O保険と周辺の保険商品との関係

落合 D&O保険の商品性などに関してはどうでしょうか。自動車保険などよりも若干わかりにくいとか。先ほども費用保険の機能もあるという指摘がありましたが、被害者を救うという普通の責任保険の機能が、ちょっといまひとつ見えづらいのではないでしょうか。

増永 そうですね。争訟費用重視という点で保険の性格が通常の賠償責任保険と少し異なります。また、保険契約者である企業側の実務という視点で申し上げると、D&O保険だけは担当部署が違うことが多くあります。一般的な自動車保険や賠償責任保険などは保険担当の部署が対応しますが、このD&O保険は法務部や総務部などが対応することが多くあります。企業の法務担当者は、役員に説明する必要があるので、約款も含めてよく理解されて

いると思います。中にはD&O保険について関心が高く、アメリカのD&O保険との違いにも精通されているご担当の方も結構いらっしゃると思います。

武井 D&O保険の周辺の似た機能の保険、たとえばパワハラ等に対応する雇用関連の賠償責任保険とはどういう関係でしょうか。アメリカではSide Cなども生まれていますが。近似性・親和性のある保険にはどういうものがありますか。

山越 雇用慣行賠償責任保険ですね。

武井 雇用慣行とはどこまで入るのですか。

山越 不当解雇、雇用差別、ハラスメントなどが典型で、雇用に関するものです。

後藤 それは会社が被保険者なのですか。

山越 会社と役員が被保険者になっています。外資系では従業員も含めることが多いですが。

武井 雇用慣行賠償責任保険では、会社と役員のリスクを双方とも補償しているわけですね。

山越 そうです。

増永 雇用慣行賠償責任保険については、D&O保険で主に補償する役員の経営判断とは異なるリスクですが、役員が責任を問われやすいという点でD&O保険と親和性がある保険といえると思います。D&O保険以外では、一般的な賠償責任保険の延長的に提供される場合もあります。一般的な賠償責任保険は、会社の事業活動により第三者に怪我をさせた場合の賠償責任や第三者の物を損壊した場合の賠償責任を補償するものですが、会社を被保険者とし、同時に訴えられた役員も被保険者に含めることが可能となっています。

武井 たとえば工場とかで会社が誰か第三者に怪我をさせたら、怪我をさせた個人も一緒に賠償責任保険でカバーすることになると。しかし、不適切会計となるとなぜかD&O保険の補償対象になるということなのですね。

山越 D&O保険の対象になるのは不実記載とかですね。その場合、会社

に対する損害賠償請求はD&O保険のSide Cで補償することになります。役員個人に対する損害賠償請求はSide Aです。

武井 D&O保険はなぜ独自に発展したのですか。保険の歴史を振り返ったときに、工場にいる人ではなくて、役員個人が訴えられやすいところに、D&O保険特有のニーズがあったということなのですか。

山越 分類すると、D&O保険は、対象者が国家資格者ではないだけであって、専門業務賠償責任保険と一緒です。

武井 D&O保険は専門業務賠償責任保険に含まれるのですか。取締役という、スペシャリティ、いわゆる専門性に着目した保険なのでしょうか。

山越 そういうことになります。

増永 D&O保険は、専門業種向けの賠責保険の一種ですが、会社単位で引き受ける点が特徴的です。専門業種でも、たとえば弁護士だと、弁護士一人ひとり、あるいは法律事務所単位という引受単位が基本ですが、D&O保険では会社の役員全体を引き受ける、会社単位というとらえ方になっています。

武井 要するに会社として何か事故を起こしたという側面と、個人の専門性を見た保険という性格が複合していると。

増永 経営のプロとして、経営をやるための専門職業資格があれば弁護士に近いイメージだと思いますが、経営の場合にはそういう資格はありません。専門職業向けとはいえ、ほかにはあまり似た例のない保険商品です。

武井 責任保険の中でもかなり特殊な性格を持っているわけですね。後藤先生、いかがでしょうか。

後藤 アメリカでSide Bが中心だといわれているので、それに最近引きずられつつあるような感じがしますが、やはりもともとはD&O保険がないと役員に就任してくれなくなったので導入したということからすると、今おっしゃられたように役員の個人賠償責任保険がベースだということでよいのではないでしょうか。日本も今まではSide Aだけでやっていたわけですが、それに近い面もあるのでSide Cがくっついているということだとすると、あまり複雑に考えないでよいといいますか、そういうとらえ方のほう

が、日本の現状にはあてはまるのではないかと思います。

(8) Side C について（日米の違い等）

武井 ちなみにアメリカで Side C が特出しになった理由は何でしたか。Side A でも Side B でもない Side C として。

松本 会社の責任だからではないのですか。役員個人ではなくて。

山越 そうですね。もともとはアメリカも Side A と Side B しかなかったのですが、Side C が出てきたのは証券訴訟で会社と役員が被告になった場合、Side A しかないと、会社の責任と役員個人の責任の分担割合で、保険で補償しようと思ったら、役員に 100％責任があるではないかという主張をすればよくて、保険を使わないと思えば、会社に 100％責任があると主張すればよいというような議論が起きてしまったのです。責任のアロケーションの問題なのですが、どちらに責任の割合がある、ああでもないこうでもないというトラブルが起きて、これはまずいということで Side C を開発してそういう問題を一挙に解決してしまったという経緯があります。

武井 会社側からのいろいろな主張次第で、会社に責任があるのか、役員に責任があるのかという内輪揉めをさせないためということですか。

山越 それで保険から回収できる場合とできない場合が恣意的になってしまうことが問題なのだと思います。

後藤 内輪揉めというのは、クラスアクションで、和解案を作るときにどこで落とすかというときに問題になりますね。

山越 日本ではそういう事象が生じていないので、後藤先生がおっしゃるように Side C を無理に意識する必要はないのではないかというのは、私も感じています。簡単に言ってしまえば、日本の D&O 保険は役員の個人資産を守る D&O 保険で、アメリカの D&O 保険は会社資産を守る保険という整理もできると思うのです。だから、アメリカで D&O 保険が適用されるケースは、ほとんどが Side B か Side C なのです。

松本 会社補償が先になされるからということですか。

山越 そうです。会社補償されてしまうから Side B が適用される。あと

は証券訴訟では会社が訴えられるから Side C が適用されるということになります。

後藤 ただ、日本も会社補償を入れた場合にはどうなるのかという問題はありますし、会社が訴えられる証券訴訟も増えてきているので、今後どうなるかはわからないですね。結局アメリカと一緒で、やはり役員の個人責任から始まって、それに似たようなリスクに関するものが固まっているということだとは思います。

武井 日本では不適切会計のケースで、会社も役員も一緒に投資家から訴えられるのですが、今だと Side C はないのでしたか。会社の不適切会計については何か保険はあるのでしょうか。

後藤 特約で対応しているのですよね。

山越 そうですね。不実記載の場合の企業情報開示特約ですね（〔図表1-2〕参照）。

武井 D&O 保険の特約で入っているのですね。

後藤 この特約は大体ついているのですか。

増永 任意付帯で別途追加保険料が必要となりますので、企業のご判断次第です。

後藤 そうだとすると逆選択の問題がありうると思いますが、その上でこの特約の有無を開示させると、これをつけている会社はやましいところがあるからつけているのだろうと判断されてしまうおそれも出てくるでしょうか。

武井 デフォルトでみんな特約を入れればよいのですかね。

山越 そういう意味では、日本の支払限度額が5億円、10億円だったのはあたりまえなのですよね。会社の法人カバーがないから、5億円、10億円でもよかったのだと思うのです。アメリカだったら100億円、200億円規模の証券訴訟は起きてしまうので、当然それなりの保険に入っていなければならないと。

武井 なるほど、そういうことですか。わかりやすい比較ですね。日本も金融商品取引法の規定上は損害賠償の額が100億円とかに簡単になりやすい

〔図表1-2〕情報開示危険担保特約条項

情報開示危険担保特約条項
第1条 （保険金を支払う場合） 　当会社は、開示書類記載不備に起因して保険期間中に保険証券記載の記名法人欄に記載された法人（以下「記名法人」といいます。）に対して損害賠償請求がなされたことにより、記名法人が被る損害（以下「損害」といいます。）に対して、保険金を支払います。 第2条 （損害の範囲） 　(1) 当会社が前条の規定により保険金を支払う損害は、会社役員賠償責任保険普通保険約款（以下「普通保険約款」といいます。）第2条（損害の範囲）①または②を記名法人が負担することによって生じる損害に限ります。 　(2) この特約条項において、普通保険約款第3条（用語の定義）「法律上の損害賠償金」の定義中「被保険者」とあるのは「記名法人」、「争訟費用」の定義中「被保険社または会社の従業員」とあるのは「記名法人の役員または従業員」にそれぞれ読み替えます。 第3条 （用語の定義） 　この特約条項において、次の用語の意味は、それぞれ次の定義によります。

用　語	定　　義
開示書類	記名法人が作成する次の書類をいいます。 ア．金融商品取引法第2章「企業内容等の開示」が定める企業内容等の開示書類 イ．会社法が定める計算書類および事業報告ならびにこれらの附属明細書 ウ．会社法が定める連結計算書類 エ．その他の日本で定める法令または証券取引所の規制において、適時かつ適切な開示を行うことを定められているアからウに準じる書類
開示書類記載不備	開示書類の事実と異なる記載または記載欠如をいいます。
記名法人等	次の者をいいます。 ア．記名法人 イ．記名法人の役員（普通保険約款第3条（用語の定義）に規定するものをいい、同条に規定する「被保険者」に該当するかどうかを問いません。以下同様とします。）または会計参与

本特約始期日	この特約条項を最初に付帯した保険証券記載の情報開示危険担保特約始期日をいいます。ただし、その日の後に、会社役員賠償責任保険契約が存続しない期間またはこの特約条項が付帯されない期間がある場合は、その期間が終了した日のうちいずれか遅い日をいいます。
一連の損害賠償請求	損害賠償請求がなされた時もしくは場所、損害賠償請求者数または開示書類の種類もしくは数にかかわりなく、同一または関連する開示書類記載不備に起因するすべての損害賠償請求をいいます。なお、一連の損害賠償請求は、それに該当する損害賠償請求が最初になされた時にすべてなされたものとみなします。

第4条　（保険金を支払わない場合－その1）
　当会社は、次のいずれかに該当する開示書類記載不備に起因する損害賠償請求に関する損害に対しては、保険金を支払いません。
　① 記名法人等が法令に違反することを認識しながら（認識していたと判断できる合理的な理由がある場合を含みます。）行った開示書類記載不備
　② 本特約始期日において記名法人等が認識していた開示書類記載不備
　③ この保険契約の保険期間の初日（ただし、本特約始期日の方が遅い場合は、本特約始期日とします。）において、記名法人に対する損害賠償請求がなされるおそれがある状況を記名法人等が知っていた（知っていたと判断できる合理的な理由がある場合を含みます。）開示書類記載不備
　④ 本特約始期日より前に記名法人等に対してなされていた損害賠償請求において申し立てられていたものと同一または関連する開示書類記載不備
　⑤ 本特約始期日より前に作成された開示書類の開示書類記載不備

第5条　（保険金を支払わない場合－その2）
　当会社は、次のいずれかに該当する場合は、保険金を支払いません。
　① 開示書類記載不備に関連して役員が私的な利益を得た場合
　② 開示書類記載不備に関連する情報を違法に利用して、記名法人等が有価証券の売買等を行った場合
　③ 開示書類記載不備に関して記名法人等が刑を科されるべき場合（時効の完成等によって刑を科されなかった場合を含みます。）

第6条　（保険金を支払わない場合－その3）
　当会社は、次のいずれかの者によって、または次のいずれかの者が関与してなされた損害賠償請求による損害に対しては、保険金を支払いません。

① 役員または会計参与
② 記名法人の子会社
③ 記名法人によって総株主の議決権の20％以上を直接または間接的に保有される者
④ 記名法人の総株主の議決権につき、保険証券記載の割合以上を直接または間接的に保有する者（株主権行使の指示を与える権限を有する者を含みます。）
⑤ 種類株主（種類株式発行会社におけるある種類の株式の株主をいいます。）

第7条　（読替規定）
　この特約条項に基づく保険金の請求については、普通保険約款第24条（損害賠償請求等の通知）から第31条（代位）までの規定において「被保険者」とあるのを「記名法人」と読み替えます。

第8条　（支払限度額等）
　当会社は、一連の損害賠償請求につき、第2条（損害の範囲）に規定する損害の合算額が保険証券記載の免責金額を超過する場合に限り、その超過額に保険証券記載の縮小支払割合を乗じて得た額のみに対して、保険金を支払います。ただし、当会社が支払う保険金の額は、保険証券記載の支払限度額を限度とします。

第9条　（配分の決定のための協力）
　同一または関連する開示書類記載不備に起因して記名法人と役員が同時に、または別個に損害賠償請求を受けた場合は、記名法人、被保険社および当会社は、各自が負担すべき法律上の損害賠償金および争訟費用の公正かつ妥当な配分を決定するために協力するものとします。

建付けにはなっています。たとえば、日本の証券訴訟は、アメリカの証券訴訟と比べ、会社の立証責任が転換されて、過失責任が厳しく判断されます。一方で、アメリカでは欺罔の意思に近いようなことを会社がやっていないと、会社は敗訴しません。それでも、日本の証券訴訟で実際に100億円の損害賠償が認められる例は少ないですね。いろいろな意味でまだまだ論点が多いということですね。

(9) 会社提訴訴訟のカバー

山越 会社が役員を訴えたときの会社訴訟のカバーも外資系保険会社のD&O保険などは提供しているわけなのですが、商事法務で行われた2014年の座談会[10]で山下友信教授から、そのような補償があると、会社の損害をD&O保険で回収できるではないかという指摘をされていて、たしかにそうだなと。経営者の落ち度で何か損害が発生しても、会社訴訟を提起してD&O保険から保険金が支払われれば、損失がD&O保険で回収できてしまうから問題ではないかという指摘があったのです。たしかにそういうことなのです。

武井 そこでいう「会社」といったとき、それは前の社長のミスですよね。

山越 そうですね。

武井 前の社長のミスについて、次の新しいきれいになった会社が、いつまでも過去のものに引きずられなくてはいけないのかという気もするのですが。

山越 そうですね。そういう指摘もあったので、過去の事例を調べてみたのですが、アメリカだけは会社訴訟のカバーはないのです。日本では会社訴訟が起きたときには補償するのですが、なぜかアメリカだけ会社訴訟が提起されたときのD&O保険は免責になっているのです。指摘されたように保険法上問題があるのかというのを遡って調べてみたのですが、そういう議論まではアメリカでも出ていなくて、ただ何が原因だったかと言うと、バンク・

---

[10] 山下友信=山下丈=増永淳一=山越誠司=武井一浩「座談会・役員責任の会社補償とD&O保険をめぐる諸論点(下)——ガバナンス改革と役員就任環境の整備」商事法務2034号(2014)42頁、49頁〜50頁。また、ほかにD&O保険について取り扱った座談会として、山下友信=山下丈=増永淳一=山越誠司=武井一浩「座談会・役員責任の会社補償とD&O保険をめぐる諸論点(上・中)——ガバナンス改革と役員就任環境の整備」商事法務2032号(2014)6頁、2033号(2014)4頁、神田秀樹=中原裕彦=中江透水=武井一浩「座談会・『コーポレート・ガバナンスの実践』に関する会社法の解釈指針について」商事法務2079号(2015)4頁がある。

オブ・アメリカ事件[11]でやはりそういう使い方をしたらしいのです。この事件は6人の役員が住宅ローン担保証券に関する誤った意思決定で銀行に損失をもたらしたということで、銀行が役員を訴えてD&O保険からその損失を回収しようとした事案であり、それ以降、アメリカでは会社が役員を訴えたときの補償は提供しないということになっています。保険法的にとか公序良俗の問題でダメとか、そういうところまでの議論は見いだせないのですが、そういう悪用のされ方があったということですね。

後藤 各社共通ですかね。

山越 アメリカでは、各社とも免責だと思います。

［2016年4月実施］

---

[11] Bank of Am. V. Powers, No. C536-776 (Cal. Super. Ct. Mar. 1, 1985).

第2章
保険料の全額会社負担の解禁

1　D&O保険の保険料の税務上の取扱いの変化

(1) 新国税庁取扱い

松本　保険料の全額会社負担について、まずご説明させていただきます。従前は、旧国税庁取扱いが公表されていましたが、今般2016年2月に新たに新国税庁取扱いが公表されました。

経産省報告書でも「D&O保険の保険料負担」として取り上げられましたが、会社法上の整理がまず問題になります。平成5年商法改正当時の議論としましては、役員が会社に対して負う責任により被った損害について会社が保険料を負担して付保するということは、会社法上役員の責任免除要件や報酬規制等との関係で疑義が生じるのではないかという指摘がなされていました。この疑義を回避すべく、かかる損害については、普通保険約款では免責とした上で、別途株主代表訴訟担保特約条項というものを設けて、当該特約部分については役員個人が保険料を負担するということになりました。従前このような整理がなされていたところではありますが、先般の経産省報告書および会社法解釈指針におきましては、取締役会の承認および社外取締役が過半数の構成員である任意の委員会の同意または社外取締役全員の同意の取得という一定の手続をとる場合には、D&O保険の保険料全額を会社が負担することも会社法上認められるという見解を述べています。

この会社法上の解釈の明確化を受けて、新国税庁取扱いが公表されたということになります。従前は、普通保険約款に係る部分については会社が負担

第2章　保険料の全額会社負担の解禁

しても役員個人に対する給与課税はなされないという整理をされていたのに対して、株主代表訴訟担保特約部分に係る保険料について会社が負担した場合には、役員に対して経済的利益の供与があったものとして給与課税がなされるという取扱いになっていました。また、役員個人が負担する場合における特約保険料の役員間での配分については、取締役会および監査役の協議において、①役員の人数割り、②役員報酬に比例した分担、③代表取締役、取締役、監査役といった立場ごとに定めた額での分担などの合理的な基準を定めてこれに従って配分を行う場合には、経営活動等の状況からみて会社にとっての合理性があり、かつ課税上の弊害も生じない場合に限り、役員間での贈与などの問題なく、課税上許容されると整理されていました。この特約保険料の水準としましては、おおむねD&O保険全体に係る保険料の10％程度の額とされていました。

　これが今般経産省報告書等において、一定の手続を経れば、会社法上適法に保険料全額を会社が負担することができるという整理になりました。これを受けて株主代表訴訟敗訴時担保部分を特約として区分する必要はないのではないかということで、普通保険約款において免責とされていた株主代表訴訟敗訴時担保部分について免責条項を設けない新たな普通保険約款を作成して新たに認可を取ることや普通保険約款を変更して届出を行うことがまず想定されます。ただ、これらの手続には時間を要するとの事情もありますので、暫定的な取扱いとして、現在の普通保険約款に設けられている株主代表訴訟敗訴時担保部分を免責することで特約として切り分けていた条項を適用除外とし、普通保険約款等の保険料と株主代表訴訟敗訴時担保部分の保険料が一体とみなされる旨の特約を追加で付帯したものについては、新たなD&O保険（新型契約）として、普通保険約款自体を修正していない場合であっても、暫定的に保険料を会社が全額負担する建付けとして認めてよいのではないかということが、新国税庁取扱いの照会要旨2の（注）に記載されています。この新型契約についての保険料を会社法上適法に会社が全額負担した場合には、従前と異なり、役員に対する経済的利益の供与はないとして給与課税は不要という取扱いになります。ただ、先ほどの普通保険約款の修

1　D&O保険の保険料の税務上の取扱いの変化

正ですとか、株主代表訴訟敗訴時担保部分の免責条項の適用除外プラス株主代表訴訟敗訴時担保部分の保険料が普通保険約款の保険料と一体とみなされる旨の特約の付帯がなされていない場合には、従前と同様に、役員に対する経済的利益の供与があったものとして、役員個人に対する給与課税がなされるため、新型契約とするか旧型契約とするかというオプションが設けられたことになります。新国税庁取扱いの公表を踏まえて、従前、株主代表訴訟担保特約部分に係る保険料を役員が個人負担していた会社も保険料全額会社負担とするのがよいのか、またその全額会社負担とする場合には会社においてどのような手続をとるべきか、実際に新国税庁取扱いの公表を受けて保険会社において実務上どのような商品の提供が開始されているのか、それぞれどのような対応がなされているかといった点を議論させていただきたいと思っています。

(2)　**全額会社負担になる場合の税負担**

　矢嶋　株主代表訴訟担保特約部分の保険料は、これまでは課税上は一応報酬課税でしたよね。個人の責任を付保する費用ですから、個人の利益のために会社が支出すると考えられてきました。

　武井　それを取締役会決議と社外取締役全員の同意をとれば、報酬課税にはならないとしたものですね。

　後藤　D&O保険の保険料が全額会社負担となった場合、会社は、手続を踏んだ場合も踏まない場合も、D&O保険の保険料をどちらもこれまで役員の個人負担とされていた1割分を損金算入できるのですか。

　武井　旧型契約の場合、1割分を報酬に混ぜていたら、定期同額給与の損金算入のルートに従うことになります。他方で、報酬課税の対象となってこなかった9割部分について費用として損金に落ちてきています。これに対し、今回の新国税庁取扱いを踏まえた新型契約の場合、1割部分も含めた10割全体が費用として損金に落ちるのでしょう。

　後藤　会社としても、わざわざ新しく負担する1割分を損金算入しないということはしないでしょうね。1割分も損金には落ちるとすると、税負担

は、会社側としては別に変わらないということになるのですね。

武井 そういうことになりますね。

2 役員の個人負担が求められた経緯

(1) 役員の個人負担を残す必要性が乏しいこと

松本 まず前提の確認なのですが、「株主代表訴訟担保特約条項」という名前ではあるものの、約款例の株主代表訴訟担保特約条項の規定を見ると「被保険者が会社に対して法律上の損害賠償責任を負担する場合に被る損害に対して」と書かれており、代表訴訟には必ずしも限定していないようにもみえます。ここはどのように読めばいいでしょうか。執行役員は株主代表訴訟の被告適格がないので、保険料個人負担の主体とはしないという話がありますが、会社に対して法律上の損害賠償責任を負担するということは、別に代表訴訟ではなくてもありうると思います。

増永 株主代表訴訟担保特約条項第1条には、「普通保険約款第7条の規定にかかわらず」と書かれています。普通保険約款第7条には「株主代表訴訟等による賠償請求がなされ、その結果、被保険者が会社に対して法律上の損害賠償責任を負担する場合に被る損害に対しては、保険金を支払いません」とあります。普通保険約款第7条で免責としているところを、この株主代表訴訟担保特約で復活担保しているので、結果としてこの特約で補償されるのは、株主代表訴訟による損害賠償請求の場合だけとなります。

後藤 普通保険約款第7条でいっている「株主代表訴訟等」の「等」とは何ですか。

増永 有限会社や一般社団法人のように株式会社以外の法人での代表訴訟を含める趣旨です。

松本 では個別の議論に入ります。まずは、保険料を全額会社負担とすべきかです。選択肢としては、全額会社負担とするための新型契約を締結するという選択肢と、従前どおりD&O保険の変更はせずに役員が個人負担をす

るという選択肢の2つがあるのですが、会社が役員を海外などから招聘したい等よりよい役員の方々に来ていただくという観点や、役員の個人負担が大きくなるよりは、会社が負担することによって必要十分なD&O保険を付保して、チャレンジングな経営をしていただくという観点からは、会社が全額負担したほうがよいのではないかと考えられます。

武井 そもそもにおいて全額会社負担としない特段の理由は何かあるのでしょうか。学界の議論等を見ていても、利益相反のことを気にして個人負担を残しているのは日本だけなのですね。私には、個人負担を残す積極的理由がわかりません。

落合 それは私もまったく同意見です。

保険料を会社が負担するという意味合いは何なのでしょうか。つまり、会社から役員への一種の報酬ではないか、あるいは会社の負担となると役員の注意義務がおろそかになるのではとの見解もありました。そもそも負担をするとどういう問題が生じるのか、あるいは問題が生じないのかというあたりのところが整理されなければなりません。全額会社負担によって発生する問題が整理されれば、その問題の重要度に応じてそれを解消する手続も厳格になってくるだろうと思います。もし全額会社負担の問題点があまりに自明なことであるとすると、あまり細かいことをいう必要ないではないかということになると思うのですが、役員に一部個人負担させるようなこれだけ慎重な対応を、かつてとったということはそれなりの理由があったということなのでしょうか。もっとも私自身は、会社役員賠償責任保険の付保は、会社自身にとっても利益となることだから、その負担を会社がするのは、役員のためというより、会社自身のためにしていると考えるべきではと思っております。

武井 山下友信先生は「D&O保険と会社法——ドイツ法の場合」[1]という論文で以下のように述べられています。①「代表訴訟特約について……、ドイツでは、役員の内部責任について有責の場合には、会社が損害を保険金に

---

[1] 出口正義ほか編『青竹正一先生古稀記念・企業法の現在』(信山社、2014) 525頁以下。

よりてん補されるという理由づけをかなり重くみて、D&O保険全体が会社の利益のための保険ということが導かれている。わが国でD&O保険が導入された時期では、代表訴訟がどのように運用されていくかは未知数であり、D&O保険の機能をどのように考えるべきであるかも観念的なものであったおそれがある。その後の代表訴訟事例の蓄積からは、代表訴訟で原告株主が勝訴する可能性は低いが、皆無ではなく、賠償額も保険の限度額とさほどかけ離れたものではないという事例も十分想定されるようになっている。その意味では、D&O保険の会社の損害のてん補機能ということから、会社の利益となっている側面を評価し、代表訴訟特約の保険料を報酬として位置づける現在の取扱いを改めることは検討に値することではないかと思われる」[2]、②「わが国では、株主代表訴訟の数が少なくなく、代表訴訟が提起されると、アメリカの会社法のようにこれを早期に集結させる手続的仕組みがなく、かつ経営判断原則（のようなもの）はあるとはいわれながら裁判所の取締役の注意義務に関する司法審査は詳細に行われるという実務の下では、最終的には被告となった役員が勝訴したとしても、役員にとっての負担は重いものがあり、D&O保険があるから民事責任の抑止効が低下するという見方ができるとはにわかには考えられない」[3]。

　平成5年商法改正のときには極めて保守的な整理で始めたのですね。現在、保険料の個人負担を導入しているのは日本だけですし、利益相反性の問題は、むしろドイツなどでは、保険金が下りる際の賠償額について、損害額のうち最初のいくらまでは免責額として役員個人で損害を負担し、免責額以上の損害については保険金の支払でカバーするという方法で解消していました。

　落合　日本で会社法上問題にした人というのは、まず保険料が全部会社負担になると、役員のしっかりと行動しようという気持ちに悪い影響があるだろうと考えたということですね。

---

(2)　前掲注(1) 541頁～542頁。
(3)　前掲注(1) 543頁。

後藤 当時言っていたのは、役員の責任免除と一緒になってしまうからということですね。

落合 責任免除の規定との兼ね合いからしておかしいのでしょうか。

後藤 会社補償については、そういう側面もたしかにあると思いますが、D&O保険の保険料の会社負担については、役員の責任免除との兼ね合いというのは、たしかに言われたら気になるというレベルの問題であるように思います。

武井 平成5年というのは、代表訴訟が本格化する前のことなので、どういう帰結になるかもわからず、とりあえず一番調整がついて誰も文句を言わないところで保守的に整理されたというのが実際のところだと思います。

落合 ただ、やはり保険料を会社が出すということについて問題がないのだという論証はしっかりやる必要があるように思います。

武井 そうですね。そのあと平成13年12月商法改正で会社に対する責任の減免については規定が設けられました。そして今回、会社法解釈指針では損害塡補機能の観点からも違法抑止機能の観点からも問題がないという整理をしています。

後藤 たとえば、D&O保険の保険料を報酬に上乗せするとは言わずに、単に報酬を多めに出しておいた場合、役員が、その報酬の一部を何に使おうが自由なところですが、自分で不安なのでD&O保険に入りましたということを止めることはできないですよね。そうだとすると、やや空疎な議論をしていたような気がします。また、保険料分が報酬に含められていたとしても、それを使って支払った保険料が役員の所得から経費として控除できれば、実務では困らなかったのかもしれません。ただし、これらの議論は別として、会社法としては、D&O保険の中身をチェックする機会として、手続規制をかけるという考え方はありうると思います。これは、誰が保険料を払うかという問題とは別の問題ですね。D&O保険に関する会社法上の論点として保険料負担の可否だけがクローズアップされてしまったことが、D&O保険に関する議論を停滞させてしまったような気もします。

武井 おっしゃるとおりだと思います。

(2) アメリカで全額会社負担が認められた経緯

武井 アメリカは、会社法に明確に記載されているのでD&O保険の付保が認められていて、全額会社負担ができていて、日本における会社法解釈指針のような社外役員全員の同意といった条件は不要ですね。

山越 ただ、アメリカも昔は役員が10％負担していた経緯があったのですよね。

武井 バンゴーコム事件の前ですよね。

山越 そうです。その実務を日本が引き継いできています。おそらくアメリカではいろいろな議論があって、全額会社負担が会社法に規定されることになったのだと思うのですが、どうして会社法を改正しようとしたのか、そのあたりの議論が気になるところです。

武井 全額会社負担にしないと、やはり社外取締役のなり手がいないですよね。

山越 ということですかね。

武井 バンゴーコム事件が起こったのは、1985年ですね。

山越 そういう意味では、日本は、忠実義務違反、利益相反とか、あるいは会社に対する責任の免除とかいうことを真面目にずっと議論してきたのがいまだに引っ掛かっているということですよね。

武井 こういう形で実務を見直す契機がなかったということじゃないですかね。なぜかみんな10％個人負担を受け入れてきました。そのためD&O保険の議論は20年以上止まっていました。

後藤 会社法学者の多くは、別に全額会社負担でもよいのではといっていたように思いますが、実務は全然動きませんでした。一方で、経済産業省が議論の場所をセットすると、みんなそれに反応したということだと思います。議論の中身としては、古い議論をずっと繰り返しているのですね。結局D&O保険について議論するフォーラムを設定して、法改正や判例以外の形で実務を見直す機会がなかったということだと思います。

松本 アメリカでバンゴーコム事件の後、実務が変わる契機というのは何だったのでしょうか。理論的な議論があったというよりは、必要性からなん

となく全員がじゃあ法改正しようという流れになったのでしょうか。何か契機がないとおそらく一斉には動かないと思うのですが。

　武井　やはり社外役員のなり手がいなくなると困るという必要性からではないでしょうか。

　山越　この約款例を見ても、会社に対して損害賠償責任を負担する場合に被る損害に対して保険金を支払いませんとなっているわけですが、損害賠償責任を負担する場合というのは、委任した弁護士が優秀だったら賠償金を払わなくてよいケースもあるし、委任した弁護士が優秀でなければ賠償しなければならないケースもあって、そういう偶然性に依拠するところもあり、それで自己負担しなければならないとか、しなくてもよいというのは、たしかに変だなとは思いますよね。

3　会社法解釈指針で示された手続

(1)　社外取締役の同意の位置づけ

　松本　全額会社負担とする場合の手続については、会社法解釈指針に、①取締役会の承認と②社外取締役が過半数の構成員である任意の委員会の同意または社外取締役全員の同意の取得ということで記載されていますが、社外取締役全員の同意というのは取締役会にも社外取締役は通常出席されていますので、仮にここで全員出席されているのであれば、取締役会の場で、たとえば社外取締役全員が同意しているというような決議をとった上で議事録に残すという方法もありうると思います。また、D&O保険は1年ごとに更新されると思うのですが、1年ごとに取締役会の承認をとる必要があるのかという点も問題になると思います。この点は、たとえば、役員の報酬規制と同様に、1年ごとには決議をとらず、特に大きな変更がない限り従前の決議が有効となるという考え方もありうるかと思われます。このあたりについて議論させていただければと思います。

　武井　会社補償と同じようにD&O保険の保険料は職務執行の費用に該当

するという中で、問題のない手続の一例として、取締役会決議と社外取締役全員の同意を取る場合を示したわけですね。

落合 会社法解釈指針では、会社法上①取締役会の承認と②社外取締役が過半数の構成員である任意の委員会の同意または社外取締役全員の同意の取得とを両方とらなければいけないということをいっているのですが、②社外取締役が過半数の構成員である任意の委員会の同意または社外取締役全員の同意の取得が必要とされるのはどういう理由なのでしょうか。

武井 私の理解では、D&O保険の費用負担は、会社法が規定している利益相反取引に該当するわけではなく、ただ、会社法を保守的にみたときに広い意味での利益相反性は存在しているともみえます。そこで、取締役会決議と社外取締役の同意とがある場合には、会社法上の手続として問題ないのではないかということですね。問題がない手続例の１つにすぎないとは思いますが。

落合 利益相反性については会社法上の手当てとしては①取締役会の承認があるわけですね。

武井 はい。会社法解釈指針の脚注28で述べられているとおり、厳格な意味での会社法上の利益相反取引についての取締役会の承認そのものではないと。ただ実質的に、役員が損害賠償責任等を負担する場合にD&O保険によってその損害を填補することになるため、会社からの財産の支出が最終的に役員が利益を得ることにつながる可能性があるという点で、その実質的・構造的な利益相反性に配慮した手続を経るべきであるとの慎重な考え方もありえると。そこで、D&O保険の保険料は、会社法上の利益相反取引規制が直接適用されるわけではないものの、取締役会の承認と社外取締役全員の同意等という実質的・構造的利益相反性に係る懸念を解消できる適正な手続を経ている場合には、職務執行のための費用として相当な範囲で、会社法上も適法に会社が保険料を全額負担することができるものとされたのだと思います。

逆に、社外取締役全員の同意がないと会社負担ができないのかというところまではオープンなままだと思います。一番保守的にやったのが会社法解釈

指針のこのラインなのだと思います。

後藤 会社が保険料を負担することがいけないわけではないとしても、社外取締役がよいと言ったからよいというのは理屈としてどうでしょうか。社外取締役の同意がなかったとしても、会社が保険料を負担してよいのではないかと考えています。ただ、会社がD&O保険に加入するにあたって、歯止めがまったくないのも困るとはいえますので、そのときに、最近の社外取締役導入の流れに沿って、社外取締役の同意という手続が導入されたもので、あまり合理的な説明はついていないという気がします。もっとも、私自身が、社外取締役の同意という手続を否定する方向に持っていきたいのかというと、そうではありませんが。

落合 たしかに突き詰めれば、理論的に社外取締役の同意という手続に問題がまったくないわけではありません。そういう意味では国税も法務省も経産省も、社外取締役を極力導入させようというコーポレート・ガバナンスの流れの中で、ある意味で政策的な判断を行っているといえます。法論理上当然に正当化できるというよりは、むしろ社外取締役の積極的な必要性とその有用性を重視する政策的な判断という要素が強いでしょう。

後藤 そこはまったく否定しません。社外取締役をできるだけ手続に入れようというのは、それ自体はよかったと思います。ただ、たとえば、子会社にも社外取締役がいなくてはいけないのかという問題を考えたときに、100％子会社にも社外取締役がいなくてはいけないとなると、それは無駄だと思います。社外取締役が必要なのは株主の利益のためであるといっている以上、100％子会社にいる必要はありません。そういう形でこの会社法解釈指針の手続の影響が波及していくとすると、違う形の無駄を生んでしまいます。

武井 ご指摘のとおりで、100％子会社の役員がD&O保険の付保対象となる場合には、子会社に社外取締役がいなくても適法にかつ課税を受けないで会社負担ができると考えられます。この点は後記7でご紹介します。

落合 それからもう1つの問題としては、日本の上場会社の大半は監査役会設置会社だとすると、同意するのは社外監査役ではないかということがあ

ります。そうすると、なぜここに社外監査役というものがまったく登場していないのでしょうか。

武井 そうですね。私の理解では、社外監査役側から異議があると、おそらく取締役会決議で通らないだろうという現実認識ではないかと思います。全額会社負担について社外監査役等からの異議がある場合は、取締役会決議の方でもそんな決議は通らないことが多いのだと思います。社外監査役には監査権限も意見陳述権も監査報告権限もありますし。これに対して社外取締役にはそうした社外監査役のような権限は特段付与されていません。そこで、社外取締役全員が賛成している取締役会決議というのが、一番厳格なものになるということではないかと思います。これは極めて現実的な認識で、社外取締役が1人でもだめだと言っていても、社外監査役が全員異議を言っていなかったらよいのではないかという整理もありうるのですが、一番保守的に対応したのがこの指針の手続ではないかと思います。

落合 社外監査役自身も、広い意味で利害関係がありますね。

武井 はい。

落合 理論的には、社外監査役が異議を言ったとしても、取締役会で決議することはできるはずです。いろいろなことを読み込んでできあがっていますが、ある意味ですっきりしないところもあります。

後藤 経産省報告書の意義があるとすると、まず、D&O保険料全額を会社負担にしてもよいのではないかということをきちんと言ったというところがあります。次に、そうはいっても、全額会社負担を行うことを勝手に決めてはいけない、手続は慎重に考える必要があるということで、武井先生がおっしゃるように、今の時点で重すぎず、だが、それなりにきちんとした手続を置いたということですね。

(2) D&O保険を株主総会で決議することのメリット・デメリット

後藤 ただ、社内取締役はもちろん、社内監査役でも、社外監査役であっても、被保険者になるわけですので、全員利益相反性はあります。そのため、保険料の全額会社負担について社外取締役が同意しないわけがないと思

います。むしろ一番の受益者は社外取締役で、D&O保険を付けてくれなければ社外取締役は引き受けないという人がいるわけですから。会社法解釈指針の手続は、歯止めを置いたようで、実は何にもなっていなくて、なんとなく安心感があるというだけの意味しかないと思うのです。全額会社負担を導入するにあたって手続をきちんとやりましょうというメッセージとしてはよいのですが、なぜこれでよいのかは考えておかないといけないと思います。

役員全員が受益者なのだということを重くみるのであれば、だったら株主総会で決議を取るべきではないかという話が出てきてもおかしくないと思います。しかし、D&O保険やその保険料の全額会社負担の導入について株主総会決議を要求することは、おそらく手続が重すぎるということで避けたかったのでしょう。私としては、株主総会決議を求めるべきだと考えているわけではないのですが、利益相反性をギリギリと詰めて考えだすと、本来はそういう方向に向かうところです。しかし、利益相反性を考慮して株主総会に行くのがよいかというと、どうでしょうか。

会社法上、利益相反取引をするには取締役会決議による承認と事後報告が要求されているのは、取締役会で利益相反取引の内容のコントロールがされることを期待しているからです。D&O保険については、役員全員に利益相反性があるので、内容のコントロールをできる人がいないのだとすると、株主総会に決定を委ねるという考え方もあるのですが、そうではなくて、D&O保険を導入した後の開示で内容の妥当性を担保するという考え方もあると思うのです。株主総会決議と開示とは、別に排他的なものではありませんが、株主総会で中身を議論せずに承認決議を取るよりは、開示に向かったほうが制度設計としてはよいような気もしています。もちろん、開示に伴う問題はまたいろいろあるわけですが。

落合 株主総会に行くといった場合の株主総会決議というのは、今現在、法律上株主総会が要求している事項ではないわけです。この場合の株主総会決議というのは買収防衛策のときの決議と同じで、勧告的な意味しかないが、それをとるのがよいという1つの考えとしてはありうるでしょう。

後藤 現在は結局、D&O保険の保険料を報酬の枠内に含めてしまえばす

べて見えない状態でできてしまいます。もちろん、報酬に関する株主総会の法定決議事項の一部として、報酬のこの分はD&O保険に使う予定ですと説明することもできるわけですが、D&O保険の導入について株主総会の勧告的決議を取る場合には、これまでは見えてこなかったD&O保険の負担が見えてくるようになるので、その意味でのプラスはあると思います。ただ本質的な問題は、「保険料は誰が払うか」ということよりも、「D&O保険の中身が適切であるかどうか」ということではないかと思います。

(3) D&O保険の決定における利益相反処理

落合 今流行の独立第三者委員会みたいなものを設けて、そこの同意をとるというのも可能ですか。役員は全員、広い意味での利益相反関係があるので、ここを本当に排除しようとしたら、たとえば、不祥事の場合やMBO等の場合のような第三者委員会みたいなものも考えうるでしょうか。この場合の第三者とは、社外役員でもない第三者ですね。

武井 社外役員でもなく独立第三者委員会に関しては、より広い論点があるように思います。社外役員などの非業務執行役員はいろいろな会社内での利益相反を解決するために会社が雇っている方ですから、セキュリティのセキュリティみたいにどんどん重ねていってもどこかでキリがないと思うので、そこは非業務執行役員のところで受け止めたほうが変な循環とかどんどん先に行かなくてよいのではないかという気がします。

社外役員自身が抱える利益相反をあまり重たくみすぎてしまって、社外役員が手続に関与できない、だからさらに役員ではない外部の委任契約者がすべて処理するというのは、私はどこかで歯止めが必要ではないかと思っています。そこまでの手続が必要になるようだったら、社外役員の利益相反をそんなに重たくみなくてよいのではないかというのが私の発想です。たしかに、社外役員はD&O保険の受益者ですが、それは別に社外役員になっている方のいろいろな矜恃とか考えると、自分の利益のためだけに決議に賛成することはしない人が就任されているのではないかという感もあります。

落合 ということは、コーポレート・ガバナンス・システムの在り方に関

する研究会が提示している会社法解釈指針は、1つの解釈指針ということですね。だから、これは排他的ないし絶対的な解釈指針ではなくて、それ以外の形もありうるということでしょうか。

武井 おっしゃるとおりです。排他的なものではなく、会社法解釈指針が示した手続以外の手続を経ることで、会社全額負担が可能となることはもちろんあると思います。

落合 その1つとしては、株主総会とか独立第三者委員会とか、いろいろな考え方があるのだが、それはコストとかいろいろな面を考えて、それぞれの会社が決めるべきことだと。

武井 はい。少なくともほかにも全額会社負担ができる手続例はあるのだと思います。

後藤 ガバナンスの議論として必要なのは、保険料を誰が払うかをどう決めるかという話ももちろん大事ではあるのですが、それよりも、D&O保険に入ることによって歪みが出てこないかをチェックするということではないかと思います。D&O保険の導入による意思決定の歪みの有無を議論するのに、株主総会が意思決定の場として適切かというと、結局あまり検討がされずにただオーソライズされるだけに終わる可能性があるので、取締役会できちんと議論して決めるということが適切だと思います。社外取締役はたしかに利益相反性もあるのですが、それでも社内の業務執行取締役だけで決めるよりはよいでしょう。ただ、それだけで本当によいのかというと、やはり不安も残るというのが先程も申し上げたところなのですが。

落合 そうすると、やはりD&O保険は会社が負担してもよいのかどうかという中身の判断がポイントであり、会社が負担してよいのだという価値判断であればあとは手続は適宜公正なる手続をとっていただくということになる。

後藤 報酬額の上乗せという形でD&O保険料全額を会社が負担することが事実上できてしまっている中で、取締役に給与課税がかかるということだけがD&O保険の利益相反性の判断の歯止めになっているという現状よりは、会社法解釈指針で示された手続を行った上で全額会社負担を認めるとい

う方向性はよいのではないかと思います。ただ、繰り返しになってしまいますが、社外取締役がD&O保険の導入をよいといえばよいのかというと、よくわからないところでもあり、ないよりはあったほうがよいというような話でしかないような気もします。では、社外取締役の同意では手続として不十分であるという場合に、どこの機関に行くかを考えますと、取締役会がダメなら株主総会しかありませんが、株主総会での手続を要求するとなると、特に上場会社の場合にはちょっと重いというのがこの会社法解釈指針での線引きだと思います。そうすると、この会社法解釈指針に記載された「社外取締役全員の同意」の手続が一人歩きをすることは望ましくなく、経済産業省と国税庁による今回の報告書や取決めを前提として実務でどう対応していくかという話と、理論的にどういう制度が適切なのかという話とは、切り離しておくべきでしょう。

落合 最終的・究極的には、会社がD&O保険の保険料を負担するということが株主全体の共通の利益になるかどうかということに帰着すると思います。

後藤 個人的には、そもそもD&O保険について費用をどう出すかは会社が自由に決めてよい話で、あとはD&O保険の内容がちゃんとしているかどうかを開示で確認すれば、特別の手続なしにやってよいという考え方もあると思います。

落合 社外取締役をD&O保険の導入の手続に関与させているのは、やはり社外役員というのは株主の代表であるという認識の下で、社外取締役がよいといえば、株主がよいといっているのだという論理につなげようという考え方でしょうか。ただ、本当に株主の利益を代表しているのか、あるいはできているのかという問題になっていくと、場合によっては、制度自体が揺らぐ可能性があり、なかなか難しいです。

4 会社法解釈指針で示された手続実施にあたっての実務上の留意点

(1) 取締役会決議が必要になる頻度

武井 実務的な話に移ります。取締役会決議というのは毎年とるのかという議論があります。社外取締役がもし交替したら、その交替時に新たな社外取締役にD&O保険の内容の確認や了解を取ったほうがよいと思います。一方で、社外取締役の交替がないときでも毎年取締役会決議が必要なのか。取締役会決議が必要だったら、必要だということで、毎年ちょろっと議論するだけになるとは思うのですが、D&O保険の導入に必要な取締役会決議の頻度もおそらくいろいろな柔軟性があると思います。

増永 そもそも社外取締役の賛成を得るのに形式的にどのような手続が要るのでしょうか。

武井 社外取締役からの別途の同意書まで要るかどうかは別として、社外取締役が全員賛成しているということを取締役会決議で明らかにすることだと思います。

落合 毎回、取締役会で判断しないと株主の利益に反するような事態が常に生じますか。一般的には、約款の内容あるいは保険料等がものすごく変わるということになってきたときは必要となりそうですが、そうではないのなら、わざわざ毎年取る必要はないと思います。

後藤 D&O保険の契約について包括的に決めてもよいですが、問題がありそうなときに、決議で止めようというのがそもそも無理だと思います。また、包括的に決めた場合には、その後、どのようにD&O保険の内容を開示すべきかという問題もありますね。契約内容を大きく改定したのであれば、そのときにあらためて承認することは必要でしょうが、たとえば去年と今年でまったく限度額も保険料も変わっていないというときには別にやらなくてもよいのではないかという気はします。ただ、こういうことを言ってしまうと、念のため取締役会決議を取っておくかという話になってしまうのでしょうけど。

保険料を会社が全額負担する場合、決議すべき対象は、もはや報酬の話ではなくなると思うのです。ですので、報酬の枠の決議と一緒で、額が超えない限り再決議は不要という説明はおそらく成り立たないと思います。そうすると事実上、毎年、取締役会決議が必要になると思うのです。新役員を選任したら、被保険者を差し替えるわけですから。そのときに中身ももし見直すことがあるのであれば見直すでしょうし、去年までと一緒で何も事情が変わっていないのだったら、決議は必要だけれども、あっさりと終わるということになるでしょう。

武井 それはD&O保険の中身が毎年基本的には異なっているからという前提でしょうか。利益相反取引は取引のたびに毎回取締役会決議をとらなければいけないのでしょうか。

後藤 利益相反取引については、取締役会決議を包括的に取ることもできます。

武井 取締役会の構成員が変わっているのはどう考えるかという議論はあると思いますが、5年先まで決議をとるというのはどうでしょう。そもそもD&O保険が1年更新でないとダメなのかというところもあると思いますが。たとえば2年目以降に、保険内容の根幹とか重要事項に変更があったらとり直しますよという決議を取ることはできてよいと思います。たとえば保険料を大幅に上げるとか、免責事由が大きく変わるとか、付保条件が大きく変わるとか、そういうときにはもう1回とり直すというのはあるかもしれませんが、前年度の契約と大きく変わらないときには、今年の決議をもって来年の更新時にも使うかもしれませんという効力の長さを持った取締役会決議もできてよいように思うのですが。

後藤 効力を長めに持った取締役会決議をしてもよいのですが、毎年取締役会決議を取るのがそんなに大変なのでしょうか。

武井 会社によって考え方が分かれると思います。ただ、取締役会への付議事項の範囲については、ご存知のとおり、社外取締役を含んでいる中で、ルーティーンのような業務執行事項よりも、できるだけ戦略的事項に時間を割きたいという議論があります。その中には、会社法の法定決議事項である

利益相反取引の形式的な取締役会決議もできれば下ろせないのかという議論もあります。利益相反事項は取締役会でやるべきだというのは、それはそれでしょうがないという割り切りもありますが。取締役会決議でわざわざやるのですかというふうに現場で思う人はいるでしょうね。

後藤　保険期間5年の契約を最初に1度だけ承認するということは考えられないのでしょうか。

武井　そうですよね、ただまだ世の中のD&O保険は1年契約のものしかないのですよね。あまり変わらない内容のD&O保険を更新して結ぶときには、取締役会決議を毎年はとらなくてよいと考えることもできるのだと思います。

落合　取締役会決議については、もし一部の取締役に対して招集通知を欠いても、当該取締役が取締役会に出席しても、また出席しなくとも、同じ結果になる、すなわち、決議の結果に影響がないということが明らかなような場合は、取締役会の決議は有効であるという最高裁の判例がありました[4]。この考え方を押していけば、取締役会を開いてもわかりきった結論になることがとても明白なものについては決議をとることをやかましくいう必要はないのかなとも思います。

武井　ありがとうございます。そうですね。

(2) 指名委員会等設置会社における取締役会決議

落合　もう1つの論点としては、指名委員会等設置会社のような場合は、業務執行は取締役会から執行役に委譲しています。そうすると賠償責任保険料の支払は業務執行の問題だとすると、毎回取締役会でD&O保険の保険料負担の決議を取れというのは、重い手続を要求していることになります。指名委員会等設置会社あるいは監査等委員会設置会社であって、業務執行権限を大幅に委譲したところは、ここだけ重い手続を要求する根拠は何かという

---

[4] 一部の取締役に対する招集通知を欠いた場合、その取締役が出席してもなお決議の結果に影響がないと認めるべき特段の事情があるときは、当該瑕疵により決議は無効にならないとする判例がある（最判昭和44年12月2日民集23巻12号2396号）。

ことがあります。税法上の利益を得るためにはそのくらいの手間をかけろという趣旨なのでしょうか。会社法上はどうなのですか。

武井 今回の会社法解釈指針では、監査役会設置会社を想定しており、指名委員会等設置会社あるいは監査等委員会設置会社については特に述べられていませんが、取締役会決議を毎年取れとまでは書かれていません。

落合 監査役会設置会社以外の他の会社類型のところはどうするのかという議論もあまりされていませんね。指名委員会等設置会社あるいは監査等委員会設置会社のD&O保険の場合はどうなるのでしょうか。

後藤 指名委員会等設置会社であっても、業務執行を委任できるというだけで、委任が強制されているわけではありませんので、委任しなくても別に構わないとはいえそうです。会社法は、D&O保険に関する決議を委任できないことのリストに入れているわけではありませんが。結局、制度設計として手続的規制にどこまで期待するのかという問題で、現在の枠組みを前提として慎重にやろうとするのであれば、取締役会決議が必要になるということで仕方ないのではないでしょうか。

(3) 取締役会決議による承認のタイミング

山越 取締役会の承認が保険契約の締結の前ではないとダメなのかという点について、どうなのでしょうか。保険契約者の懸念は、それで保険契約を締結した後に、取締役会の承認を得られなかったらどうするのだというものです。

武井 取締役会の承認を得るタイミングは、別に保険契約の前ではなくても事後承認でもよいと思います。事後承認を取ろうとして、実際には承認が取れなかった場合は、全額会社負担は認められないので、給与課税としての課税を受けてくれということでしょうかね。

山越 そうですね。遡ってまた契約し直すのも変ですしね。

落合 あるいは、取締役会決議が通らなかったという解除条件つきで保険契約を締結することが考えられるのではないでしょうか。

松本 その解除条件が成就してしまった場合は、保険料は役員1対会社9

の負担割合とするということになるのでしょうね。

武井 要は取締役会は月に1回しか開けないので、事後承認でも可能かといったことが問題になるということです。株主総会後の取締役会等もうまく活用して、そこに間に合うように事務方で準備することでしょうか。

5 社団法人の役員とD&O保険

武井 機関設計上、D&O保険の保険料全額会社負担の導入が難しいといった事例で問い合わせがあったことはありますか。

増永 株式会社ではなく、一般社団法人から聞かれることもあります。一般社団法人で社外役員はいないのだけど手続はどうすべきなのか、という話です。株主代表訴訟に類する社員による役員等への責任追及訴訟制度[5]がある一般社団法人の場合は、一般財団法人と異なり責任追及訴訟のリスクがあるので、そのためにD&O保険に加入している一般社団法人のお客様からの照会は結構あります。

武井 その問い合わせを受けたときは、その一般社団法人の役員は1割個人負担をしていたのでしょうか。

増永 問い合わせが入るということは、役員が1割負担しているところもあるのだと思います。

6 会社全額負担解禁のインパクト

(1) **会社全額負担についてのリアクション**

武井 実際のところ、全額会社負担のD&O保険について、反響のほうはどうですか。

---

[5] 一般社団法人及び一般財団法人に関する法律278条以下。

増永 問い合わせが非常に多いです。全額会社負担にするために、具体的な契約手続はどうなるのかという内容です。

武井 お忙しいですね。

増永 企業内でD&O保険の契約変更方針を起案する前段階での、保険契約実務対応についての問い合わせが中心ですが、保険会社だけでは答えきれないものもあります。問い合わせの中に、会社法解釈指針の解釈などに関わるものも多くありますね。

武井 その場合、どう対応されているのでしょうか。

増永 すでに経産省報告書と会社法解釈指針が出ていますので、それに則って社内手続を取っていただく場合には全額会社負担できるよう、保険約款上の対応は済んでおりますとお伝えをしているという状況です。また、法務部門の方が役員に聞かれた場合に備えて、直接保険会社に問い合わせをいただくこともありますね。

武井 役員はまさに自分のことですからね。あと今回の機会にもう少し支払限度額を上げましょうという流れになっていく気もしますが、いかがでしょうか。

増永 実際にそういうケースもありますね。

武井 そうすると取扱いの変更には経済効果がありますね。でも国際的に比較すると、日本はD&O保険で設定する支払限度額が低いわけですよね。

増永 そのとおりです。

武井 今回の取扱いの変更はD&O保険として前向きにとらえていくことができるということですね。

(2) 保険会社側の対応状況

落合 保険会社が行う保険業法上の手続に関連した質問なのですが、普通保険約款の変更には時間を要するとのことですが、株主代表訴訟敗訴時担保部分を免責する旨の条項を適用除外とし、新たな特約を付けるというのは普通保険約款の変更にはあたらないのですか。それとも、特約のつけ足しだけであれば、普通保険約款の変更ではないから、時間を要さないということに

なるのでしょうか。

増永 全額会社負担に変更する場合、これまで使用していた普通保険約款の規定を一部変更する必要があります。普通保険約款の変更には、保険業法123条[6]による一定の手続が必要でして、当社の場合、2017年4月に普通保険約款の変更を行います。それまでは新たな特約を追加する対応としています。D&O保険の場合、特約は特段保険業法に定める手続を経ずに追加することができます。

落合 特約を新たにくっつけるというのは、普通保険約款の変更ではないということでしょうか。

増永 特約の追加による場合も、普通保険約款の規定変更と実質的な内容は同じですが、普通保険約款の規定変更にはあたりません。そのため、新国税庁取扱いでも普通保険約款は同一の内容のままで特約を追加で付帯したものも暫定的によいということになっています。国税の現場では、普通保険約款の内容が変更された「新たな会社役員賠償責任保険」に限って、従来のD&O保険とは異なる税法上の対応を行うこととするために、新国税庁取扱いにおいて、最終的に普通保険約款の変更が想定されていると理解しています。

武井 普通保険約款について変更するのにはかなり時間がかかるんですよね。2016年から対応しようと思ったら、普通保険約款の変更までは時間が間に合わなかったということですね。

増永 保険会社の社内でのシステム切替え等も必要になるため、一定の時間がかかります。暫定対応でも保険契約上の効力には相違はありませんので、新国税庁取扱いが出て即座に対応できることを優先し、まずはすべての

---

(6) 保険業法123条（事業方法書等に定めた事項の変更）
　1　保険会社は、第4条第2項第2号から第4号までに掲げる書類に定めた事項（保険契約者等の保護に欠けるおそれが少ないものとして内閣府令で定める事項を除く。）を変更しようとするときは、内閣総理大臣の認可を受けなければならない。
　2　保険会社は、前項に規定する書類に定めた事項を変更しようとする場合で、同項の内閣府令で定める事項を変更しようとするときは、あらかじめ当該変更しようとする旨を内閣総理大臣に届け出なければならない。

第 2 章　保険料の全額会社負担の解禁

契約に特約を付加する対応としました。

(3) 企業側の対応状況

松本　ちなみにこれは更新時しか特約を追加でつけるということはできないのですか。1 年の保険契約で、12 月末の決算の会社で 1 月に新しい保険に入ってしまいましたと。そこで新しい特約つきの D&O 保険が出ましたというときに、たとえば 4 月から新しい特約つきの D&O 保険に変えるとして、保険の切替えとかでこの新対応の保険に変えることは可能でしょうか。ただ、おそらくもう保険料は払われているのだと思うので難しいかもしれませんね。

武井　たしかに、イレギュラーだと思うのですが、1 年間やっている保険期間の途中で実質的に同じなのだが、若干違う部分があるような保険を切り替えることのメリット、デメリットというのはありますでしょうか。

矢嶋　普通の自動車保険などでも、たとえば車両を買い換えたりするときには、従来購入していた保険の、更新時期とは違う時点で、登録する車両を買換えしたことを申告の上で、保険内容を変更したり、追加したりしますよね。

武井　今までの保険契約は一度解約して、4 月に新しい契約を買い直すということもあるのでしょうか。

矢嶋　自動車保険などではそれもあります。いったん従来の契約を途中解約して新規の契約を締結する場合と、今ある保険をそのまま使ったままで、特約を追加したり、内容を変更して追加の保険料を支払う場合とおそらく両方あると思います。

増永　今おっしゃられた 2 つの方法について、いったん今の契約を解約して新しい契約に入ることは可能ですが、今の契約を生かしたまま新たに特約をつける対応はできません。

矢嶋　約款はそのままにし特約を追加でつけるのはおそらく法技術的にはできると思うのですが、普通保険約款が違うものについては、たしかにいったん解約しないとできなさそうですね。

増永　保険料配分をいつからどのように変更するのか等の取決めが複雑になりますので、いったんご解約して新しい契約を締結する方式で対応します。

　武井　なるほど。ちなみにこの新型契約を買うときに、たとえば旧型契約のほうで3か月経過していたときに、残り9か月だけという新型契約は買えるのですか。

　増永　そのような短期のD&O保険には、通常対応していません。取締役会のタイミングとかD&O保険の話を年に1回ここで取り決めるというタイミングがあるのでしょうから、そのタイミングに合わせて契約内容を検討されるのが一般的だと思います。

　武井　なるほど。あと、会社負担割合が増えたので、取締役としては「だったらもっと入ろう」みたいなニーズはないでしょうか。1割ぐらいの負担額がなくなったからといってもっと入ろうということになるのかはわからないですが。保険期間中の増額の一環と考えたらどうなるのですかね。

　増永　保険期間中の増額は可能です。実際に要望をいただくこともあります。

　武井　そこから新しいのを買うと、そこから1年というのが一般的なんですよね。

　増永　そうです。

　武井　でも、うちは1月〜12月がよいというこだわりがあるとしたら、9か月分の保険だけ買って、また翌年から1年ということも不可能ではないということでしょうか。そのようなニーズは聞いたことがないのでしょうか。

　増永　あまり聞きません。ご契約内容や役員負担を変更するのであれば、従来からの毎年の契約更新のタイミングで今後1年間の契約内容を検討することが多いのではないでしょうか。

　落合　さっきの解約して新たに締結するといった場合の、解約されたD&O保険の解約返戻金みたいなものは問題となるのですか。つまり経過していない期間が残っているのでその分の保険料の取扱いはどうなるのでしょうか。

増永　お返しすることになります。
落合　解約返戻金の額というのは月割みたいなので割り振るのですか。
増永　その場合は、日数割でお返しします。

7　グループ会社とD&O保険

(1) 子会社をD&O保険に加入させる意味

　武井　親会社から見て、D&O保険に入れたい子会社という観点からは、どういう子会社を入れるものでしょうか。たとえば、リスクの高いところでしょうか。子会社に自分で入ってもらわないで親会社がまとめてD&O保険に入るのは、親会社にとって、どのような意味があるのでしょうか。

　松本　国にもよるでしょう。各国の保険業法で規制があるなどですね。

　増永　親子会社もさまざまな形態があります。特に、企業集団で持株会社の傘下に事業会社が複数存在する場合には、親会社である持株会社と複数の事業子会社を1つのD&O保険でカバーすべきかどうかは、論点となります。事業会社のうち主力の1社が100％出資子会社でかつ企業集団の事業の中核を占めている場合、すべての子会社を持株会社のD&O保険の記名子会社に含めて契約する方式が一般的です。この場合、主力の事業子会社に企業集団のD&Oリスクが集約されているととらえることが可能です。

　一方で、持株会社の傘下に大規模な上場事業会社が複数ぶら下がるケースの場合、たとえば複数の上場企業を合併の前段階として持株会社下に置く場合を想定すると、それぞれの事業会社がD&O保険にすでに加入しているのであれば、互いの事業会社にとってそのまま2契約を維持するほうが効果的だと考えられる場合もあります。

　また、買収で新たに自分の傘下に入れる子会社ですと、その子会社の分のD&O保険を分けておく場合もあると思います。買収に関しては、買収後に、買収された側の役員の過去の賠償責任を、買収した企業の契約の補償対象に含めるのかという課題もあります。

松本 仮に、買収前の原因行為に基づく賠償責任で、自分のD&O保険の限度額が取られてしまうと親会社役員としては嫌ですね。

増永 買収の個別事情によりますが、そう考える役員もいると思います。

(2) 子会社の訴訟等のリスク算定の方法

落合 親会社が一括してD&O保険に入った場合に、海外に展開しているたくさんの子会社がどれだけの役員がどれだけ法的リスクを負っているかという、リスクの算定に関する情報があまり親会社にないような場合もあります。その場合、どのように子会社の法的リスクを算定するのですか。

増永 そもそも、親会社が子会社の分もまとめてD&O保険に加入するよりも、子会社ごとに現地のD&O保険に入ることが望ましいと思っています。海外の子会社のリスクを検討する際に、まずは現地国の付保規制[7]のことを

---

[7] 日本における外国保険業者への付保規制は、保険業法186条に定められている。

第186条（日本に支店等を設けない外国保険業者等）

1 日本に支店等を設けない外国保険業者は、日本に住所若しくは居所を有する人若しくは日本に所在する財産又は日本国籍を有する船舶若しくは航空機に係る保険契約（政令で定める保険契約を除く。次項において同じ。）を締結してはならない。ただし、同項の許可に係る保険契約については、この限りでない。

2 日本に支店等を設けない外国保険業者に対して日本に住所若しくは居所を有する人若しくは日本に所在する財産又は日本国籍を有する船舶若しくは航空機に係る保険契約の申込みをしようとする者は、当該申込みを行う時までに、内閣府令で定めるところにより、内閣総理大臣の許可を受けなければならない。

3 内閣総理大臣は、次の各号のいずれかに該当すると認められる場合には、前項の許可をしてはならない。

一 当該保険契約の内容が法令に違反し、又は不公正であること。

二 当該保険契約の締結に代えて、保険会社又は外国保険会社等との間において当該契約と同等又は有利な条件で保険契約を締結することが容易であること。

三 当該保険契約の条件が、保険会社又は外国保険会社等との間において当該契約と同種の保険契約を締結する場合に通常付されるべき条件に比して著しく権衡を失するものであること。

四 当該保険契約を締結することにより、被保険者その他の関係者の利益が不当に侵害されるおそれがあること。

五 当該保険契約を締結することにより、日本における保険業の健全な発展に悪影響を及ぼし、又は公益を害するおそれがあること。

考慮する必要があります。付保規制に反することがないよう、海外子会社役員に関するリスクは現地で保険手配することが原則となりますし、リスクの算定に関しても法的環境が日本とは大きく異なりますから、現地で法的リスクを算定するのが最も妥当な方法だと思われます。

　山越　それでも、親会社が子会社も含めて一括でD&O保険に加入することを希望する場合は、保険会社によっても違うでしょうが、まず、大雑把に言うと会社の総資産を見て保険料を算出します。そして、子会社が海外に展開している場合、リスクはどのくらいあるかというのは、売上高でだいたい想像がつくと思います。たとえば連結ベースで100のうち50をアメリカで売上を上げているとすると、これはかなりリスクの高い企業になります。そうすると保険料を少し高めに取らなくてはいけません。アメリカでの売上は10％未満、1桁のパーセンテージということであれば、保険料は安くして引受けができるでしょう。そして、各国あるいは各子会社にその保険料を配分していくときにどうするかというと、ベンチマークになるのが各子会社の資産の規模になります。ただ各子会社の資産の規模はなかなか本社でとらえにくいケースもあり、その場合は売上高でとらえるとかになりますね。そういった工夫をして一律にリスク算定をするしかないでしょう。そこにたとえばアメリカやイギリスのリスクは高いから調整しましょうとかというさじ加減は、多分本社の管理部門の人はやっていられません。何百社という子会社がある場合などは、一律に総資産あるいは売上高を基準に、Excelシートで計算をして、振り分けていくしか方法はないと思います。

　落合　本当にそのリスクに対応した保険料からみると、かなり大雑把な計算を親会社が全部やることになるのですね。

　山越　はい。保険契約者から子会社の保険料がいくらになるかと相談されても、保険会社は困りますので、親会社自身に計算してもらうことになるのでしょう。総資産ベース、あるいは売上高ベースでやって下さいというアドバイスはできるでしょうが。

　後藤　たとえば、この子会社を除いたら、保険料はいくらになるかということは出せるのでしょうか。逆に、この子会社を追加すると、保険料がいく

ら増えるかとか。

　山越　理論的には可能でしょうが、冷静に考えると訴訟等のリスクに対するエクスポージャーは上場している親会社のエクスポージャーが圧倒的に大きいはずです。非上場の子会社のエクスポージャーが、保険料のどのくらいを占めるかが問題となりますが、子会社数の増減ではあまり変わらないのではないでしょうか。

　落合　売上高と任務懈怠責任は必ずしも連関しませんが、その点はどう考えているのでしょうか。かなり難しい様相があるようにも思います。

　山越　そうでしょう。

　落合　売上高は非常に明確な形で出てきますが、その国々の役員の責任を追及するような風土あるいは裁判、賠償金の額もそれぞれの国によって違うと思います。途上国の場合はそんなに高くならない、日本やアメリカは高いというようなことで、なかなか役員の賠償責任リスクの算定は難しいと思います。そういうことを親会社が全部やれるかというと大雑把なものにならざるをえませんね。

　山越　そうです。

　増永　海外子会社のリスク算定に際してそのようなことを防ぐためにも、海外子会社役員については現地での保険手配が望ましいと思います。

⑶　**一括して加入した場合と個別に加入した場合との保険料の差異**

　後藤　親会社と子会社でまとめてD&O保険に入ると保険料は安くなるのでしょうか。

　増永　引受方法による保険料の相違はあります。

　武井　親会社が子会社分まで含めて一括で契約しているほうが、子会社が単独で契約するよりも、総額の保険料は安くなっている可能性が高いのでしょうか。親会社が1社、子会社が3社あったときに、親会社が一括で4社分を受けてやっている保険料と、1社1社が全部で4本のD&O保険に入るのと比べると、1社一括のほうが安い可能性のほうが高いように思います。

　増永　まとめて入る場合には、通常、支払限度額は、親会社子会社含めて

全部で 1 つになっています。D&O 保険の対象に子会社を含めると、親会社役員の支払限度額も子会社役員の支払限度額も全部 1 つの D&O 保険の中に納まっていますので、その点が、親会社・子会社がそれぞれ D&O 保険に入る場合とは異なります。特に持株会社方式の企業集団で、傘下に大きな上場事業会社を抱えていたりすると、そこはあえて D&O 保険の対象からは分けるということが検討されると思います。まとめて入る場合の保険料については、親子会社の役員全員で支払限度額が共有されるとか、契約の手間が軽減される部分があるとか、そのあたりは考慮されます。

松本 限度額のトータルがあまり変わらなければ、そのコスト分くらいしか差は出てこないのでしょうか。たとえば、親会社の限度額が 500 万ドルで、子会社の限度額が 100 万ドル、100 万ドル、100 万ドルという D&O 保険に入ると、全体で 800 万ドルとなりますが、これはそれぞれの限度額の D&O 保険に親会社・子会社が個別に入った場合と手数料分程度しか差が出ないのでしょうか。

増永 親会社役員と子会社役員をまとめる場合の支払限度額は、全体で 1 つしかありません。子会社別に支払限度額があるのではなくて、3 社の役員をまとめるのであれば 3 社全員でいくらという支払限度額になりますので、単純な足し算とは比較できません。

(4) 子会社を D&O 保険に加入させる場合の記名式・無記名式の違い

増永 子会社の保険料について、内訳を示すことを考えると、各子会社の総資産規模などに応じて割り振ります。親会社の保険契約である以上、親会社の業種やこれまでの役員に関する訴訟等の状況というのは子細に評価しますが、子会社については事業の種類を大きな分類の中であてはめて、各子会社の保険料を定めていく方法が一般的と思われます。記名式で引き受ける場合、子会社のうちどの企業が対象なのかを保険契約等に記載しますので、そうすると各社の内訳保険料を求められることがあります。無記名式の場合、子会社すべてがみんな入っていますということで内訳はなくてもよいかもしれません。内訳については、子会社を記名するのか記名しないのかという方

式の違いも関係してくると思います。

武井 どの子会社かというのがあってはじめて、この子会社についていくらの保険料の負担にするというのを出すということですね。

増永 はい。補償対象となる子会社を特定して引き受けている場合に、保険料の内訳を参考にお示しする場合もあります。

松本 一般的に記名式のほうが日本では多いのでしょうか。

増永 どちらもありますが、記名式のほうが多いですね。最近のD&O保険では記名式でないものもあります。ただし、無記名式の場合には、他の契約と補償が重複したり、海外の子会社では海外の付保規制に抵触するリスクもあります。

松本 無記名式にするのは、子会社でなくなったり、新しく子会社が増えたりするのに対応できるようにということが一番のメリットなのでしょうか。

山越 無記名式だと、期の途中で増えたり、M&Aしたときとかに対応できるというメリットはあります。あとは記名漏れしていたということもなくなります。

武井 知らなかったこの子会社みたいなことですね。

増永 さすがに記名式で引き受けるのに、記名すべき子会社を忘れる企業はありません。記名式で特定の子会社が記名されていない場合、その会社は対象外にする意思と思われます。また、記名式の場合でも、期中で新たに子会社となった企業に関しては、一定の条件を満たせば自動的に補償対象に含むようになっています。

(5) 保険料の負担者

武井 子会社役員が代表訴訟の範囲に含まれるかどうかにかかわらず、親会社のD&O保険で子会社役員を補償対象にしている場合があると思います。そのときに、親会社が保険料を全額負担するのか、親会社から子会社にも保険料の負担を求めるのかは、考え方としてどちらであるべきというのがあるのでしょうか。親会社が全額負担してよいのではないかというのがもち

第2章　保険料の全額会社負担の解禁

ろんありますが、逆に親会社が絶対子会社に保険料の負担を求めないとまずいのか。会社によっても、子会社への保険料負担の要請の有無は対応が分かれています。大手企業でも親会社が全部保険料を負担している会社もあれば、親会社が子会社に対して保険料の負担を求めるパターンもあって、それぞれ合理的な理由があるのだと思いますが。

　増永　現状は、どちらのケースもあると思います。費用計上の可否などの相談を受けることもあり、その際、親会社が全部保険料を負担する場合と、子会社も保険料を負担する場合と、どちらの前提でも聞かれることがありますから、会社によって親会社が保険料を全額負担するケースもあれば、子会社に保険料の負担をさせるケースと双方の実態があるのだと思います。保険料は契約者が保険会社に支払うものですので、親会社と子会社の間でどう負担するかというのは保険契約上の問題にはなりません。

　武井　保険料の実質的負担者が親会社であるか子会社であるかにかかわらず、D&O保険の契約者は親会社だけというのは変わりないのでしょうか。子会社もD&O保険の契約者になることはあるのでしょうか。

　増永　D&O保険の場合、被保険者は親会社や子会社の役員ですが、契約者は親会社ですね。

　武井　子会社の分まで含めて親会社が契約者になるわけですね。

　増永　そうですね。保険会社から子会社分の保険料をお示しすることはあります。たとえば子会社が3社いると、子会社3社分の保険料に見合う額はいくらなのかという情報です。

　武井　保険会社がそういう情報提供を求められたときには、親会社としても子会社に対して保険料の負担を求めるかどうか検討しているのかもしれませんね。

　増永　それはわかりません。保険会社からは、現状、会社から求められれば、子会社の分の保険料相当額に関する情報をお示ししています。

(6) 親会社が子会社に D&O 保険の保険料の負担を求める場合の根拠

武井 親会社からの契約で一括して D&O 保険に入っているときは、その保険料は、保険会社が親会社からもらうだけですが、親会社からすると子会社分の保険料の負担を子会社に対して求めるかどうかはいろいろな理由があって、その対応も多分会社ごとに分かれているのでしょうね。

増永 どちらもありえます。

後藤 親会社が子会社の分もまとめて保険に加入するのは、D&O 保険くらいでしょうか。火災保険を一括して親会社でやりますということはないでしょうか。

増永 たとえば大企業の中には、そういう契約をする企業もありますね。

後藤 そうすると、損金算入とかは基本的には同じ話で、何も D&O 保険に限った話ではないということでしょうか。

増永 そうですね。特に海外子会社が入ったりすると複雑を極めますが、それは D&O 保険固有の論点ではありません。

武井 会社法の観点から親会社が子会社に対して保険料の負担を求めるべきという議論はありうるのでしょうか。親会社が全部負担する合理性がどう説明できるかにつきるのでしょうか。

後藤 会社法では、親会社が子会社を搾取するという問題はよく出てきますが、親会社が子会社の負担をカバーしてあげて問題になることはあまりありません。子会社分の保険料の負担を求めても別によいし、求めなくてもよいということになるかと思います。

落合 逆に、親会社が子会社に対して保険料の負担を求める場合の法律上の根拠は何になるのでしょうか。

後藤 自分で入った D&O 保険で一緒に補償してあげたので、立替払いということですね。

落合 事務管理的な扱いになるのでしょうか。

後藤 親会社が子会社から D&O 保険の加入について、頼まれていないわけではないでしょう。親会社は子会社と話をした上で、こちらで D&O 保険の加入をまとめてやるから、あとは保険料の分担をしようという話をしてい

るのであれば、それは事務管理ではないように思います。

増永 子会社本体ではなく子会社の役員の補償でもありますし、あらかじめ親子間で取り決めた上で、子会社分の保険料を合算して支払うことが多いのではないでしょうか。

松本 形式上まとめて親会社から払われるだけで、実際は按分する割合なども決めた上で、親会社がD&O保険に加入するということですね。

増永 いきなりD&O保険の保険料を払ったから払えといわれても、子会社からD&O保険の加入を頼んでないとなると困りますね。

落合 親会社が子会社の分もまとめてD&O保険に全部入ろうという場合には、少なくとも、子会社の同意が必要だということですね。だから親会社と子会社で話し合って、負担割合を決めます。それは親会社が全部負担するという決め方もあるし、子会社が応分の負担をするという決め方もありえますね。

増永 親会社が子会社分の保険料も負担する場合には、ある程度一方的にD&O保険の補償をつけるから、ということだけの場合もあるかもしれません。

(7) 子会社からD&O保険の保険料の負担を拒まれる場合

矢嶋 親会社が勝手に子会社の分のD&O保険にまで加入して保険料を支払った場合には、事務管理として果たして回収できるものなのでしょうか。グローバル・プログラムのときは、いちいち全部の子会社に了解を得ているようにはとても思えないケースがあります。

山越 グローバル・プログラムですべての子会社の同意を取ることは、まったくもって無理ですね。

矢嶋 子会社の側からすれば、気がついたら入っていたということが多いのではないでしょうか。事前合意というのは現実としてはないのかもしれません。

後藤 D&O保険のグローバル・プログラムに反対する人はいるのでしょうか。むしろ、自分たちも被保険者に入れてくれてありがとうということに

なるようにも思いますが。

矢嶋 子会社にも費用負担を求めたときに、子会社から「えっ？」と言われることはありそうですよね。

武井 そもそもグローバル・プログラムのときは子会社に負担を求めているのでしょうか。

山越 子会社に負担を求めているケースもありますね。

武井 海外子会社に負担を求めるパターンも、求めないパターンも両方あるのですか。

山越 おそらく両方あると思います。よくあるトラブルでわかりやすい例では、アメリカ本社の会社で日本の現地法人子会社があった場合に、日本の現地法人子会社に突然アメリカ本社から連絡が来て、D&O保険に入ったので日本の現地法人子会社ではこれだけの負担をしろと請求が来ます。もともと、そんな事前の合意も相談もありません。日本の現地法人子会社は、「払いたくない」と抵抗します。子会社は子会社で、自分たちの貸借対照表や損益計算書に責任を持っているので、訴訟等のリスクがあれば払うが、日本の現地法人子会社としてリスクはあると思っていないということで拒むケースがあります。そうすると、アメリカ本社が日本の現地法人子会社の分の保険料を回収できないまま1年も2年も経過することは現実としてはあることでしょう。結局この場合ですと、アメリカの親会社が負担して終わりだと思います。

アメリカの企業でさえそういう現象が起きるということは、日本の企業が全世界の子会社に指示を出したところで、無視されるケースはいくらでもあると思います。たとえばタイに子会社があって、タイは穏やかな国であまり訴訟がない国だから、自分たちとしては全然リスクは感じていないとか、あるいは、極端な話ですが、会社法の整備が全然行き届いていない国で、取締役の責任なんて感じないとか、そうなるとD&O保険に入る意味合いが現地の人にはありません。それで保険料の負担を拒まれることはあると思います。

増永 付保規制がありますから、通常は保険会社でも付保規制がないかを

確認した上で、必要に応じて現地手配をするのでしょうし、子会社がまったく知らなかったというケースは生じない気がしますがどうなのでしょうか。

落合 さきほども言ったように、子会社のリスクの算定に関する情報があまり親会社にないような場合もありそうです。そうすると、さっき言われたみたいに、子会社側のほうでこのD&O保険の保険料は高すぎるとかそういうような議論が出てきます。現地の自分たちがよく知っている、これまでにつき合いのある保険会社と保険を結びたいという希望も当然ありますか。

山越 あります。たしかに親会社のほうからしてみると、すべての展開している国で、どういうリスクがあるかなどはほとんど見えていません。

(8) 子会社役員の保険料個人負担の要否

武井 子会社役員の保険料の個人負担の話です。今回の新型契約に係る株主代表訴訟敗訴時担保部分の関連では、上場会社の100％子会社の役員が多重代表訴訟の対象になる場合に、親会社が当該子会社役員まで一括して被保険者に含める形で新型契約に加入する場面がひとつ論点となります。

完全子会社役員に対する多重代表訴訟対応に係る付保部分を含んだ1本の新型契約の中で、「親会社役員部分の保険料は会社費用とし、子会社役員部分の保険料は子会社役員の報酬とする」と区分した構成で処理することは、実務上の対応が難しいばかりか、理論上も整合的説明が困難であり、現実的な選択肢ではありません。そこで、親会社が子会社役員まで一括して被保険者に含める形で新型契約に加入する場合についてどのように取り扱うべきかです。

なお、子会社役員を含めたD&O保険における保険料の実質的負担者としては、①保険料のうち各子会社において享受している被保険利益に相当する部分について当該子会社に負担を求め、当該子会社がそれに同意して負担する場合（子会社が按分負担する場合）と②一定の合理性[8]に基づいて親会社が

---

[8] 被保険者となる子会社について無記名式である場合や親会社がグループにおけるリスク管理の一環として個別の子会社の意向に基づかずに付保する場合など、親会社が全額負担するという取扱いに合理性がある場合も多い。

子会社分も含めて全額負担する場合（親会社が全額負担する場合）とに分かれている現状にあり、①②のいずれの場合になるのかは、各企業集団において経済合理性等を踏まえて適正に判断がなされているものと考えられます。そして②の親会社全額負担に合理性がある場合については、子会社がその役員の株主代表訴訟敗訴時担保部分の保険料を負担するわけではないので、会社法解釈指針等が取り上げているD&O保険の保険料負担に関する手続は、親会社についてだけ検討すれば足り、子会社について独立して問題とする必要がないものと考えられます。そこで、ここでは①子会社が保険料を按分負担する場合の子会社負担部分について検討します。

そして、今回の会社法解釈指針と新国税庁取扱い等を踏まえますと、少なくとも次の2つのいずれかの手法が採られた場合には、子会社分の保険料を全額子会社が負担したとしても、子会社役員の株主代表訴訟敗訴時担保部分につき、会社法上子会社役員に対する報酬に該当せず、また税法上も子会社役員に対する給与課税は生じないものと考えられます。

第1のルート（ルートA）は、（親会社における①取締役会の承認および②社外取締役同意等の取得に加えて）子会社における①'取締役会承認および②'社外取締役同意等の取得という手続を採る手法です。対象となる子会社に社外取締役が置かれている場合には、選択肢としてこのルートAを採ることができます。

第2のルート（ルートB）は、子会社役員に係る株主代表訴訟敗訴時担保部分の保険料を子会社役員に個人負担させないこと（すなわち子会社が保険料を全額負担すること）について、①完全親会社において(i)取締役会の承認および(ii)社外取締役同意等の取得の手続を経るにあたって、当該子会社役員を被保険者とする部分についても併せて承認および同意等の対象とした上で、②子会社全株主としての完全親会社の承認を行う（子会社側から表現すると全株主である完全親会社からの承認を取得する）手法です。ルートBでは、子会社の全株主である完全親会社において子会社役員を被保険者とする部分につき上記①②の手続が採られていることで、適切な評価を通じたインセンティブづけによる監督機能の側面のみならず、子会社レベルでの実質的な利

益相反処理の側面でも子会社の保険料全額負担に係る子会社全株主の承認が得られており、会社法解釈指針と同等（あるいは同等以上）の手続が会社法上実践されているといえましょう。ルートＢの①②の手続は、完全親会社役員部分を当該完全親会社が負担するための正当な手続（すなわち完全親会社役員について役員給与課税を受けないことを基礎づける手続）になるとともに、子会社役員について役員給与課税を受けないことを基礎づける手続としても機能することになります。対象となる子会社に社外取締役が置かれていない場合には、このルートＢが検討されることになりましょう（以上の詳細について〔**資料５**〕参照）。

　増永　これで子会社役員についても課税リスクはないという理解でよいのでしょうか。

　武井　そうですね、そう理解できると考えております。

〔2016年4月実施〕

第3章
免責条項／告知義務／通知義務に関する実務上の諸論点

1　想定事例

武井　では各論に入って参ります。

松本　D&O保険における免責条項や告知義務条項など、実務において重要性が高い各種条項に関する各論について議論していきます。

議論を行う前提として、〔図表3-1〕のとおり、想定事例を設定しています。

まず、メーカーYが製造・販売していた製品の不具合が原因とみられる死亡事故が発生していました。これを受けて社内で調査した結果、リコールの対象となる不具合情報を社内で把握していたにもかかわらず、リコールは実施せず、監督官庁からの報告徴求に対しても不具合はない旨の報告をしていたことが発覚しました。

しかし、原因となった製品の製造・販売に関する担当取締役Bはその旨報告を受けましたが、今になって公表することで虚偽報告やリコール隠しと非難されることをおそれ、代表取締役Aや取締役会（その他の取締役および監査役を含む）には報告しませんでした。

ところが、監督官庁に対して内部告発がなされた結果、監督官庁より指導・勧告を受けたため、Yは取締役会でリコールの実施を決定しました。また、監督官庁に対して虚偽報告を行ったとして、法令に基づき、代表取締役Aおよび担当取締役Bが個人として罰金100万円、Yが会社として、両罰規定によって1億円の罰金が課されました。その結果、Yの信用が失墜し、

〔図表3-1〕想定事例

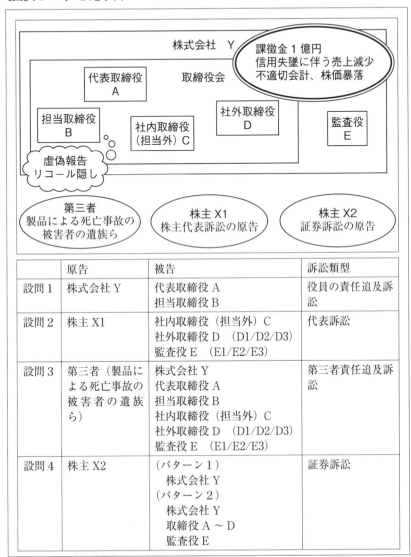

売上げは激減しました。

　さらに、業績が急激に悪化したYは、利益を水増しするなど不適切会計を行っていたこともメディアに取り上げられ、Yの株価は暴落し倒産寸前に追い込まれました、という事例です。

　なお、代表取締役Aは、虚偽報告やリコール隠しについては知らなかったことを想定していますが、その他の状況から虚偽報告やリコール隠しの存在について把握するべきだったとして重過失が認められることはあると考えています。

　このような事例を踏まえて、設問1は、会社が役員の責任追及訴訟を提起した場合です。想定事例の不祥事を受けて、会社Yが、役員の任務懈怠により、罰金や売上減少等の損害を受けたとして、Yの代表取締役A、担当取締役Bに対して責任追及訴訟を提起したことを想定しています。

　設問2は、株主代表訴訟が提起された場合で、株主X1が、不具合情報を隠蔽していたことにより、Yの罰金や売上減少等の損害を与えたとして、Yの担当外社内取締役C、社外取締役D（D1/D2/D3）および監査役E（E1/E2/E3）に対して、株主代表訴訟を提起したことを想定しています。

　設問3として、対第三者責任ということで、製品に関して死亡事故が発生したので、死亡事故被害者の遺族らが、その逸失利益や慰謝料等につき、法人であるYならびにその代表取締役A、担当取締役B、担当外社内取締役C、社外取締役Dおよび監査役Eに対して、損害賠償請求訴訟を提起した場合を想定しています。

　設問4として、証券訴訟も起こされたということで、株主X2が、不適切会計に伴う有価証券報告書の虚偽記載を知らずに購入してしまったとして、その株価の暴落による損害について、法人であるYに対して、損害賠償請求訴訟を提起したことを想定しています。ここでは、便宜上、法人YのみがSide Cでカバーされているとを想定して記載していますが、このほかにYおよび役員全員が被告になることも考えられるかと思います。

　このような想定事例へのあてはめ等も検討しながら、今回の実務研究会では、経産省実務検討ポイントの問題提起に従って、まず第1の論点として免

責の分離条項、第２の論点として告知の分離条項について、議論したいと思います。

2 免責の分離条項

(1) 免責事由の種類・類型化

松本 まず、免責事由の分離の論点の前提として、D&O保険の普通保険約款に一般的に規定されている免責事由の類型についてお話しします。〔図表３-２〕をご覧ください。

免責事由には、当該事由に該当した場合には、保険会社が保険金を支払わないでよいとされる事由がいくつか記載されていますが、学術的には次のようなおおむね５種類の類型化が可能だと思われます[1]。各類型の中でも説明しますが、これらの類型は、保険約款の免責事由の規定にもそれぞれ対応するものがあります。

第１類型が、保険の対象とすることが公序良俗の観点から好ましくないと考えられるものです。例としては、役員の違法な私的利益の取得、犯罪行為、法令違反を認識しながら行う行為、違法な報酬の取得、違法なインサイダー取引、他者への違法な利益供与等による損害賠償請求ということで、〔図表３-３〕の約款例第５条で取り上げられているところになります。

第２類型として、D&O保険が損害賠償請求方式を採用している観点から、時的要素を考慮して、当該保険契約の対象とすべきでないものがあります。まず、保険の引受開始前に行われた行為に起因する一連の損害賠償請求については、保険事故発生後に保険契約を締結して保険金を請求する不正な行為を防ぐために、すでに賠償請求の原因となる行為が行われている場合を排除するということで、除外されています。なお、この先行行為不担保に関する免責条項は、〔図表３-３〕の約款例第６条①に規定された「初年度契約の保

---

[1] 小林秀之＝近藤光男編『株主代表訴訟大系〔新版〕』（弘文堂、2002）424頁〜425頁［淡路伸広］参照。

〔図表3-2〕免責事由の類型

類型	具体的な免責事由
第1類型 （約款例 第5条）	公序良俗の観点から保険の対象とすることが望ましくないもの ・ 役員の違法な私的利益の取得 ・ 犯罪行為、法令違反を認識しながら行う行為（違法な報酬の取得、違法なインサイダー取引、他者への違法な利益供与等）
第2類型 （約款例 第6条① 〜④・⑦）	時的要素を考慮して保険の対象とすることが望ましくないもの ・ 保険の引受開始前に行われた行為に起因する一連の損害賠償請求 ・ 保険の引受開始前に、役員ではなくて会社に対して提起されていた訴訟に関連する事実に起因する損害賠償請求 ・ 保険期間開始前に役員に対する損害賠償請求がなされるおそれがあった場合の一連の損害賠償請求 ・ 保険期間開始前の役員に対する損害賠償請求の中で申し立てられていた行為に起因する一連の損害賠償請求
第3類型 （約款例 第6条 ⑤・⑥）	特殊なリスクで巨大損害となる可能性のあるリスク、他の種類の責任保険で担保されるべきリスク ・ 環境汚染に起因する損害賠償請求 ・ 原子力に起因する損害賠償請求 ・ 他人の身体の障害または精神的苦痛や他人の財物の損壊あるいは他人の人格権の侵害に対する損害賠償請求
第4類型 （約款例 第6条 ⑧・⑨）	役員同士の馴れ合いによるモラルハザードや会社内部の内輪もめ防止の観点から除外するもの ・ 役員に対して他の被保険者、会社（記名法人）、その子会社からなされた損害賠償請求またはこれらの者が関与して、会社（記名法人）やその子会社の有価証券を取得した者からなされた損害賠償請求 ・ 一定以上の大株主ならびに大株主が関与して、会社（記名法人、記名子会社）の有価証券を取得した者からなされた損害賠償請求
第5類型 （約款例 第7条〜 第9条）	その他 ・ 株主代表訴訟において被保険者が会社に対して敗訴、すなわち法律上の損害賠償責任を負担した場合（税金との関係で分離） ・ 保険期間中に、他社と合併した場合、全資産の譲渡をした場合や会社の支配権の移動があった場合の、当該取引の効力発生後に行われた行為に起因する損害賠償請求 ・ 米国の一部の法令（ERISA、RICO法、1934年証券取引所法16(b)等）に違反したと主張する申立てに基づく損害賠償請求

〔図表3-3〕免責事由・免責条項（約款例）

第5条 （保険金を支払わない場合 - その1）
　当会社は、被保険者に対してなされた次の損害賠償請求に起因する損害に対しては、保険金を支払いません。
　なお、次に記載されている事由または行為が、実際に生じまたは行われたと認められる場合に本条の規定が適用されるものとし、その適用の判断は、被保険者ごとに個別に行われるものとします。
① 被保険者が私的な利益または便宜の供与を違法に得たことに起因する損害賠償請求
② 被保険者の犯罪行為（刑を科せられるべき違法な行為をいい、時効の完成等によって刑を科せられなかった行為を含みます。）に起因する損害賠償請求
③ 法令に違反することを被保険者が認識しながら（認識していたと判断できる合理的な理由がある場合を含みます。）行った行為に起因する損害賠償請求
④ 被保険者に報酬または賞与その他の職務執行の対価が違法に支払われたことに起因する損害賠償請求
⑤ 被保険者が、公表されていない情報を違法に利用して、株式、社債等の売買等を行ったことに起因する損害賠償請求
⑥ 次の者に対する違法な利益の供与に起因する損害賠償請求
　ア．政治団体、公務員または取引先の会社役員、従業員等（それらの者の代理人、代表者または家族およびそれらの者と関係のある団体等を含みます。）
　イ．利益を供与することが違法とされるその他の者

第6条 （保険金を支払わない場合 - その2）
　当会社は、被保険者に対してなされた次の損害賠償請求に起因する損害に対しては、保険金を支払いません。なお、①から⑦までに記載されている事由または行為については、実際に生じまたは行われたと認められる場合に限らず、それらの事由または行為があったとの申立てに基づいて被保険者に対して損害賠償請求がなされた場合にも、本条の規定が適用されるものとします。本条の規定は、被保険者ごとに個別にではなく、その事由または行為があったと申し立てられた役員に限らず、すべての被保険者に対して適用されます。
① 初年度契約の保険期間の初日より前に行われた行為またはその行為に関連する他の行為に起因する一連の損害賠償請求

② 初年度契約の保険期間の初日より前に会社に対して提起されていた訴訟およびこれらの訴訟の中で申し立てられた事実またはその事実に関連する他の事実に起因する一連の損害賠償請求
③ この保険契約の保険期間の初日において、被保険者に対する損害賠償請求がなされるおそれがある状況を保険契約者またはいずれかの被保険者が知っていた場合（知っていたと判断できる合理的な理由がある場合を含みます。）に、その状況の原因となる行為またはその行為に関連する他の行為に起因する一連の損害賠償請求
④ この保険契約の保険期間の初日より前に被保険者に対してなされていた損害賠償請求の中で申し立てられていた行為またはその行為に関連する他の行為に起因する一連の損害賠償請求
⑤ 直接であるか間接であるかにかかわらず、次の事由に起因する損害賠償請求
　ア．地震、噴火、洪水、津波その他の天災
　イ．戦争（宣戦の有無を問いません。）、内乱、変乱、暴動、騒じょうその他の事変
　ウ．汚染物質の排出、流出、いっ出、漏出（それらが発生するおそれがある状態を含みます。）または汚染物質の検査、監視、清掃、除去、漏出等の防止、処理、無毒化もしくは中和化の指示・要求。汚染物質とは、固体状、液体状もしくは気体状のまたは熱を帯びた有害な物質または汚染の原因となる物質をいい、煙、蒸気、すす、酸、アルカリ、化学物質および廃棄物等を含みます。廃棄物には再生利用される物質を含みます。
　エ．核物質の危険性またはあらゆる形態の放射能汚染。核物質とは、核原料物質、特殊核物質または副生成物をいいます。危険性には、放射性、毒性または爆発性を含みます。
　オ．石綿または石綿を含む製品の発がん性その他の有害な特性
⑥ 次のものについての損害賠償請求
　ア．身体の障害（疾病または死亡を含みます。）または精神的苦痛
　イ．財物の滅失、破損、汚損、紛失または盗難（それらに起因する財物の使用不能損害を含みます。）
　ウ．口頭または文書による誹謗、中傷または他人のプライバシーを侵害する行為による人格権侵害
⑦ 記名子会社の役員に対する損害賠償請求のうち、次のもの
　ア．その記名子会社が記名法人の会社法に定める子会社に該当しない間に行われた行為またはその行為に関連する他の行為に起因する損害賠償請求

イ．その記名子会社が記名子会社として保険証券に記載された時より前に行われた行為またはその行為に関連する他の行為に起因する損害賠償請求
⑧ 他の被保険者または記名法人もしくはその子会社からなされた損害賠償請求、または株主代表訴訟であるかどうかにかかわらず、被保険者または記名法人もしくはその子会社が関与して、記名法人もしくはその子会社の発行した有価証券を所有する者によってなされた損害賠償請求
⑨ 会社の総株主の議決権につき、保険証券記載の割合（会社が複数である場合は、個々にその割合を算出するものとします。）以上を直接または間接的に有する者（株主権行使の指示を与える権限を有する者を含みます。以下「大株主」といいます。）からなされた損害賠償請求、または株主代表訴訟であるかどうかにかかわらず、大株主が関与して、会社の発行した有価証券を所有する者によってなされた損害賠償請求

第7条（保険金を支払わない場合－その3）
(1) 当会社は、被保険者に対して株主代表訴訟等による損害賠償請求がなされ、その結果、被保険者が会社に対して法律上の損害賠償責任を負担する場合に被る損害に対しては、保険金を支払いません。
(2) (1)の規定は、法律上の損害賠償責任を負担することとなった被保険者以外の被保険者については、これを適用しません。

第8条（保険金を支払わない場合－その4）
(1) 当会社は、保険期間中に次に定める取引（以下「取引」といいます。）が行われた場合は、取引の発効日の後に行われた行為に起因する損害賠償請求がなされたことにより、被保険者が被る損害に対しては、保険金を支払いません。なお、この場合においても、当会社は保険料を返還しません。
① 会社が第三者と合併すること、または会社の資産のすべてを第三者に譲渡すること。
② 第三者が、会社の総株主の議決権につき、直接または間接的に過半数を取得すること。
(2) 保険契約者または被保険者が(1)に規定する取引が行われた事実を遅滞なく当会社に対して書面により通知し、当会社が書面により承認した場合は、(1)の規定を適用しません。

第9条（保険金を支払わない場合－その5）

当会社は、会社または被保険者が次のいずれかの米国の法令（その修正条項を含みます。）に違反したと主張する申立て（実際に違反し、または違反したと認められる場合に限りません。）に基づく損害賠償請求に起因する損害に対しては、保険金を支払いません。本条の規定は、被保険者ごとに個別にではなく、その違反を申し立てられた役員に限らず、すべての被保険者に対して適用されます。
① Employee Retirement Income Security Act of 1974（1974年従業員退職所得保障法）（その修正条項、同法に基づき各州で制定された州法、その他これらに準ずる法令を含みます。）
② Racketeer Influenced and Corrupt Organizations Act, 18 U.S.C. §§ 1961 et seq.（1970年事業への犯罪組織等の浸透の取締りに関する法律（合衆国法律集18巻1961条以下）、その修正条項および同法に基づく法令を含みます。）
③ Securities Exchange Act of 1934（1934年証券取引所法）第16条(b)項（その修正条項、同種の州法およびコモン・ローを含みます。）

先行行為担保特約条項（注）
第1条（読替規定）
　　記名法人または記名子会社の役員について、会社役員賠償責任保険普通保険約款（以下「普通保険約款」といいます。）第6条（保険金を支払わない場合－その2）①の規定中「初年度契約の保険期間の初日」とあるのは、それぞれ下欄に記載された遡及日に読み替えます。

	遡及日
記名法人の役員	保険証券記載の遡及日
記名子会社の役員	上記の遡及日または記名法人の子会社となった日のいずれか遅い日

第2条（免責規定の適用除外）
　　この保険契約において、普通保険約款第6条（保険金を支払わない場合－その2）⑦イの規定は、適用しません。

第3条（普通保険約款等との関係）
　　この特約条項に規定しない事項については、この特約条項に反しないかぎり、普通保険約款およびこの保険約款に付帯される他の特約条項の規定を適用します。

（注）　先行行為担保特約条項は、全件付帯されて、普通保険約款が読み替えられるのが一般的である。

険期間の初日」を、先行行為担保特約条項に規定された記名法人の役員に関する「保険証券記載の遡及日」に読み替えた上で、「保険証券記載の遡及日」を「初年度契約初日の10年前の日」に設定することがあります。この先行行為担保特約条項は、全件付帯されるのが実務上の取扱いとなっているため、この読替えがされることが一般的なようです。また、保険の引受開始前に、役員ではなくて会社に対して提起されていた訴訟に関連する事実に起因する損害賠償請求、保険期間開始前に役員に対する損害賠償請求がなされるおそれがあった場合の一連の損害賠償請求、保険期間開始前の役員に対する損害賠償請求の中で申し立てられていた行為に起因する一連の損害賠償請求については除外するという形で、保険金を支払わない場合が規定されています。約款例第6条①から④や⑦で取り上げられている内容になります。

第3類型として、性質上D&O保険でカバーすべきリスクでないものということで、環境汚染に起因する損害賠償請求、原子力に起因する損害賠償請求、他人の身体の障害または精神的苦痛や他人の財物の損壊あるいは他人の人格権の侵害に対する損害賠償請求があります。これらは、特殊なリスクで巨額の損害となる可能性があり企業経営者としての一般的なリスクとは大きく異なるものや、他の種類の責任保険で担保されるべきものであったりするため、D&O保険のカバーすべきリスクではないと整理できるかと思います。約款例第6条⑤・⑥がこれにあたります。

第4類型として、役員同士の馴れ合いによるモラルハザードや会社内部の内輪揉め防止の観点から除外するものとして、役員に対して他の被保険者、会社（記名法人）、その子会社からなされた損害賠償請求またはこれらの者が関与して、会社（記名法人）やその子会社の有価証券を取得した者からなされた損害賠償請求があり、その次に、一定以上の大株主ならびに大株主が関与して、会社（記名法人、記名子会社）の有価証券を取得した者からなされた損害賠償請求が挙げられます。これは、基本的には会社や大株主と役員間の内輪揉めから発展して訴訟が提起されるような場合は除きましょうということで、一応整理できるかと考えられます。なお、約款例第6条⑨の大株主免責については、実務上、「大株主」を定義するための「保険証券記載の

割合」を100％とし、100％株式保有者以外の株主との間で提起された損害賠償請求は補償される取扱いとすることが一般的なようです。約款例第6条⑧・⑨がこれにあたります。

　第5類型としてその他の免責事由があります。今までお話した4つの類型以外にも、たとえば、旧型契約においては、株主代表訴訟敗訴時担保部分について特約に切り出すために普通保険約款上は免責とされていました。その他、他社と合併した場合等にその効力発生後の行為に起因する損害賠償請求や、アメリカの一部の法令（ERISA、RICO法、1934年証券取引所法16(b)等）に違反したと主張する申立てに基づく損害賠償請求については、除外するような規定も置かれています。これは、〔図表3-3〕の約款例第7条・第9条に対応します。

(2)　**免責事由の分離に関する論点の所在**

　松本　このように免責条項というのは、さまざまな類型のものが列挙されているのですが、この適用の判断として、被保険者ごとに個別に行われるものとするのか、それとも、ある被保険者が1人でも免責事由に該当すると他の人も同様に一体として判断されてしまうのかというところが、「免責事由の分離」という論点となります。

　免責事由の分離を約款の中で規定した場合には、当該条項が「免責の分離条項」と呼ばれます。約款の中に免責の分離条項があって、免責事由の該当性の判断が、被保険者ごとに個別に行われる場合には、1人の役員が免責事由に該当したとしても、他の役員については自分が免責事由に該当しない限りは保険の保護が得られるということになります。これに対して、約款の中に免責の分離条項がなく、被保険者全体について免責事由の該当性の判断を行い、個別的にはその判断を行わないという場合には、被保険者である役員のうちの1人でもある免責事由に該当してしまうと、他の役員は自分がその免責事由に該当しなかった場合であっても保険の保護が得られなくなります。このような機能を果たす免責の分離条項というのはそもそも必要なのかというところや、たとえば、免責事由の類型ごとに、当該免責事由が設けら

第3章　免責条項／告知義務／通知義務に関する実務上の諸論点

れている理由を踏まえて、免責の分離がなされるべきか否かというところ、さらに、免責の分離の要否を考えるにあたって、そもそも考慮すべき要素が違うのかというところが問題になりうるかと思っています。

　約款例では、一部の免責事由については被保険者ごとに個別に行われることが明示されています。具体的には、第1類型の公序良俗の観点から除外されているもの（約款例第5条）や、第5類型の「その他」にある株主代表訴訟担保特約部分（約款例第7条）については個別に判断する旨が規定されており、分離がなされています。一方で、これら以外の類型については、被保険者ごとに個別にではなく、その事由または行為があったと申し立てられた役員がいた場合には、すべての被保険者に対して免責事由が適用されるという規定ぶりになっています。

　さきほどお話した想定事例に、免責事由の分離をあてはめた場合には、次のようになります。たとえば、担当取締役Bが虚偽報告やリコール隠しにあたることは認識しながら不具合情報等を隠蔽したという事例なのですが、この場合、担当取締役Bは、その行為が法令に違反することを認識していたのではないかと思われます。これによって、担当取締役Bについて免責事由に該当すると判断されたという前提に立った場合に、免責事由の分離がなされていない場合は、他の役員についても免責となってしまい、D&O保険による保護を受けられないことになってしまいます。逆に、担当取締役Bに関する免責事由が個別的に判断されるのであれば、担当取締役Bについては免責になるが、それ以外の役員は他の免責条項にも該当しなければD&O保険による保護が得られることになります。

　また、損害賠償請求方式との関係で、一部の役員が保険期間開始前に損害賠償請求がなされるおそれのある状況を知っていた場合に、その状況に基づいて損害賠償請求がなされると、他の役員まで免責とされてしまい、免責事由の分離が認められない点について、たとえば、次のような状況が発生することが考えられます。担当取締役Bが不具合情報などを知っていたにもかかわらず、その事実が保険契約の更改時点で告知されずに保険契約が継続された場合には、その状況に基づく損害賠償請求については、担当取締役B

だけでなく、その事実を知らなかった他の役員もともに免責となります。この場合、担当取締役Bの認識のみで考えられてしまうのかというところが問題になるかと思います。すなわち、このように担当取締役Bが、保険契約の更改前に問題となった行為の違法性について認識していたことによって、担当外の社内取締役や社外取締役、監査役といったちょっとリモートな立場にいる人たちについても、一律免責がなされてしまうということで不都合はないのだろうかというところです。このあたりの妥当性の判断は、免責事由ごとに変わってくるのかと思いますが、これらの問題意識について検討できればよいのかなというふうに思っています。

3 類型ごとに免責事由の分離の有無に差がある理由

(1) 公序良俗の観点に基づく免責事由

武井 第1類型の公序良俗の観点に基づく免責事由だけが分離が認められて、第2類型、第3類型、第4類型、株主代表訴訟担保特約を除く第5類型が免責事由がある役員だけではなく他の役員にまで免責が波及してしまうということですね。なぜこれらが免責事由の分離が認められないのかという問題提起です。分離が認められる免責事由と分離が認められない免責事由の線引きについては何か経緯等があるのでしょうか。

増永 個人の認識に関するものについては、免責事由の分離を認めています。

松本 私も同じ理解です。

後藤 第1類型のすべてを公序良俗の観点に基づくものといってよいかはわかりませんが、仮に公序良俗に基づくものであるといえるのであれば、免責事由の分離を認めず、およそ保険による保護をなしにすべきだみたいな議論もありうるかとは思います。

ただ、保険法自体が、公序良俗に違反するような事例であっても、免責事由の分離を認めています。たとえば、生命保険で、保険金受取人である長男

が被保険者である親を殺した場合であっても、長男以外の保険金受取人については、保険法80条柱書ただし書で免責事由の分離がされて保険による保護は残るのです。そもそも、殺人以上の公益に反する行為はないという考え方もできるわけですが、その場合であっても、免責事由の分離が認められて、免責事由を発生させた本人以外の保険金受取人の保護は認められているのです。これは、保険法が、殺人犯には保険金を渡してはいけないが、他の人は保険金がないと困ったことになるのだから、その分は払ってよいという価値判断をしていることになります。このような殺人と生命保険の免責事由に関する事案との対比で考えると、損害保険についても、私的な利益を受領した人や犯罪行為を行った人は免責されて保険金を受け取れないが、他の被保険者は、この公序良俗に反する行為を行った人とは切り離されて免責の有無が判断されるということは保険法上もおかしくはないと思います。

　武井　保険法の発想としては、免責事由の分離がどちらかというと基本で、免責事由の分離が認められず被保険者全体に波及するほうが例外だということですかね。

(2)　損害賠償請求方式の観点等からの免責事由の分離性

　後藤　第2類型の損害賠償請求方式の観点から当該保険契約の対象とすべきでないものに関する免責事由については、たとえば、保険の引受開始前にすでに会社に対する訴訟提起があったという場合がわかりやすいと思います。この場合には、すでに訴訟というリスクが顕在化している契約者が入るのを防ぐために、告知義務に加えて、免責事由を定めているわけです。そうすると、この訴訟の原因が誰であるかにかかわらず、このような場合には、一律に免責を認めることに合理性があるので、免責事由の分離が問題となる場面とはまた別の場面であるという印象があります。

　武井　第2類型の場合については、一律に免責事由を肯定するということが、翻って免責に分離を認めていないように見えるということですね。

　後藤　ただ、訴訟提起のような誰から見ても明らかな場合ではなく、役員の間でも認識に濃淡がある場合については、また別の考慮をしなければなら

ないとも感じています。

松本 第2類型の例として挙げた「保険期間開始前に役員に対する損害賠償請求がなされるおそれがあった場合の一連の損害賠償請求」の「おそれがあった」かどうかなどは、役員の間で認識について差異が生じやすいところかと思います。

後藤 第2類型の免責事由については、分離を認めない範囲を拡大すると、被保険者にとって酷な事例も発生しやすいと思います。また、告知義務と議論が重複することもあるかと思います。

他の保険の例として、傷害疾病保険と比較すると、被保険者が、ガンの検査を受けて、ガンであるという診断を受けたにもかかわらず、保険会社に対してそのことを告知しなかったら、これは確実に告知義務違反になります。ただ、傷害疾病保険には、告知義務違反のほかに、契約前発病不担保条項という条項があります。契約前発病不担保条項というのは、どうやってわかるのかわかりませんが、保険契約の前から実は腫瘍が存在していたということが判明した場合には、医学的には保険契約締結時にすでに発生していたリスクといえるので、保険でカバーされないという条項です。この条項は、基本的には被保険者が腫瘍の存在をまったく知らず、自覚症状がなかったとしても、結論は変わりません。被保険者がまったく知る余地のない事由に基づく不担保条項があるということは、不担保条項と免責条項という名称の違いはあっても、同僚の誰かが悪いことをしているのだが何も知らない、それでも免責になってしまうというのとおそらく同じ問題であると思うのです。契約前発病不担保条項と第2類型の免責事由とは、告知義務違反よりも広く網をかけるために作られている制度という点で非常に似ています。

ドイツの連邦通常裁判所（日本の最高裁に相当する）は、一定の契約前発病不担保条項について、告知義務の規制を潜脱するもので無効であるとの判決を下しました[2]。告知義務は、保険契約者が保険事故の発生する確率が高い

---

[2] ドイツ連邦最高裁判所1994年3月2日判決 VersR 94, 549 について、山下友信＝米山高生編『保険法解説――生命保険・傷害疾病定額保険』（有斐閣、2010）487頁〜489頁［竹濵修］。

ことを知りながら、保険を契約しようとする逆選択を防ぐためにありますが、逆に保険契約者が何も知らなければ逆選択は起きません。保険会社としては、契約前発病不担保条項によって、自らのリスクを限定したいという意図を持っているわけですが、消費者向けの傷害疾病保険で導入すると認められない可能性があります。日本の保険会社も契約前発病不担保条項を導入していますが、大変謙抑的に運用しているため、現時点では、そこまで問題視されていません。ただし、今後保険会社が契約前発病不担保条項の活用に積極的になった場合には、また問題が生じてくる可能性があります。

武井 第2類型の「保険期間開始前に役員に対する損害賠償請求がなされるおそれがあった場合の一連の損害賠償請求」の「おそれがあった場合」を広く解釈すると望ましくないということですね。

後藤 被保険者の立場からすると、免責事由の分離は必要ですよねということになります。しかし、別に第2類型の免責事由について分離を否定してはいけないというわけではありません。日本では、契約前発病不担保条項は無効とはされていません。契約前発病不担保条項について、告知義務の潜脱ではないと明確に述べた最高裁判決があるわけではないのですが、あくまで保険者の負うリスクの限定であると整理されています。D&O保険についても、同様の考え方ができるとすれば、会社役員に就任するくらいの人であれば、第2類型の免責事由に該当するような事実については、気付いているべきだという価値判断になり、免責は被保険者全体に適用されたほうがいいわけです。逆に、第2類型の免責事由について分離を肯定すると、保険会社のリスクが限定できなくなるので、保険料は理論的に上がるはずです。保険料が上がっても、免責の分離によってカバーを広げたいというニーズがあるのであれば、そういう商品も提供されると思いますが、そうはなっていないということなのだと思います。ですので、免責の分離の要否は最終的にはマーケットが決めることだという気がしています。

武井 特約を利用して、第2類型の免責事由について分離を認めることも可能ですものね。こういう要望は市場でもあるように思われますが、どうなのでしょうか。

3 類型ごとに免責事由の分離の有無に差がある理由

松本 第2類型の免責事由について分離を認めてほしいという需要はあると思いますが、そこは、先ほど後藤先生がおっしゃったように保険料が上がってまで分離条項を導入したいかという兼ね合いによると思います。会社の規模とかにも影響されるのではないかと思います。役員が一体的に動いている会社であれば分離条項は不要という会社ももちろんあるでしょうし、上場会社のような規模の大きな会社でそれぞれの役員の独立性を重視するような会社であれば、分離条項を導入したいという需要もありそうです。

後藤 会社の役員がすべて社内取締役だけだと免責の分離条項を導入してくれということは、他の社内取締役である同僚を信頼していませんというのに等しいので、言いにくいとは思います。しかし、社外取締役として、会社に外から入るときには、やはり自分が会社の行為や役員の業務状況を全部みるわけではないので、分離条項を入れてほしいという要望はあると思うのです。社外取締役にとっては、第2類型の損害賠償請求がなされるおそれがある場合などがまさに一番怖いタイプのリスクですよね。それなのに、D&O保険があるから大丈夫ですよと会社から説明を受けていたのに、結局免責の分離が認められずにD&O保険による保護を受けられなくなったら、その社外取締役に対する会社の説明義務違反ではないかという話にもなりうると思います。

これに対して、第3類型の性質上D&O保険でカバーすべきリスクでない免責事由というのは、そもそもそのリスクはD&O保険ではカバーしないという話なので、免責事由の分離とはまた別の問題といえるかと思います。典型的なのが原子力に関する損害賠償請求で、被保険者間で免責事由を分離しようがないですよね。

(3) 旧ポリシーで払うか新ポリシーで払うか

増永 〔図表3-3〕の約款例第6条③に規定された「この保険契約の保険期間の初日において、被保険者に対する損害賠償請求がなされるおそれがある状況を保険契約者またはいずれかの被保険者が知っていた場合」に該当するとして、保険会社が保険金を支払わないという判断をしますという意味

第3章　免責条項／告知義務／通知義務に関する実務上の諸論点

は、たとえば、ある会社が2年目となる保険契約を結んでいて、その2年目の保険期間開始時点より前の1年目の保険契約期間中に、取締役に「被保険者に対する損害賠償請求がなされるおそれがある状況」の認識があったのだとすると、その保険契約よりも前の保険契約、つまり2年目の保険契約ではなく1年目の保険契約に基づいて支払いますということです。

〔図表3-4〕の約款例第24条(2)では、「保険期間中に、被保険者に対して

〔図表3-4〕損害賠償請求等の通知条項（約款例）

第24条　（損害賠償請求等の通知）
(1) 被保険者が損害賠償請求を受けた場合は、保険契約者または被保険者は、次の事項を遅滞なく当会社に書面により通知しなければなりません。
　① 損害賠償請求者の氏名および被保険者が最初にその請求を知った時の状況を含め、申し立てられている行為および原因となる事実に関する情報
　② 他の保険契約等の有無および内容（既に他の保険契約等から保険金または共済金の支払を受けた場合は、その事実を含みます。）
(2) 保険契約者または被保険者が、保険期間中に、被保険者に対して損害賠償請求がなされるおそれのある状況（ただし、損害賠償請求がなされることが合理的に予想される状況に限ります。）を知った場合は、その状況ならびにその原因となる事実および行為について、発生日および関係者等に関する詳細な内容を添えて、遅滞なく当会社に書面により通知しなければなりません。この場合において、通知された事実または行為に起因して、被保険者に対してなされた損害賠償請求は、保険契約者または被保険者がその状況を知った時（知ったと合理的な理由に基づき判断できる時）をもってなされたものとみなします。
(3) (1)または(2)の場合において、被保険者が第三者に対し求償することができるときは、保険契約者または被保険者は、求償権の保全または行使に必要な手続その他損害を防止軽減するために必要な一切の手続を講じなければなりません。
(4) 保険契約者または被保険者が正当な理由なく(1)および(2)に規定する義務に違反した場合は、当会社は、それによって当会社が被った損害の額を差し引いて保険金を支払います。
(5) 保険契約者または被保険者が正当な理由なく(3)に規定する義務に違反した場合は、当会社は、第1条（保険金を支払う場合）の損害の額から損害の発生または拡大を防止することができたと認められる額を差し引いて保険金を支払います。

損害賠償請求がなされるおそれのある状況」があったら、きちんと保険会社に通知して下さいといっています。さらに、約款例第24条(2)は、保険会社に通知をすると、その時点で損害賠償請求がなされたものとみなしますという規定を入れています。たとえば、1年目の保険契約期間中に担当取締役Bが「被保険者に対して損害賠償請求がなされるおそれのある状況」に気付いた場合、担当取締役Bは被保険者ですから、保険会社に通知をしないといけません。そうすると、担当取締役Bの責任も他の役員の責任もひっくるめて、通知がされた時点の保険契約（1年目の保険契約）で支払いますという整理です。したがって、約款例第24条(2)の通知がなされていた場合には、後の保険契約で保険金を支払うことはしないといっているのが〔図表3-3〕の約款例第6条③です。

　2年目の保険契約からみると、約款例第6条③で保険金の支払の免責がされたとしても、本来、保険期間の初日に保険契約者や被保険者が知っていた「被保険者に対する損害賠償請求がなされるおそれがある状況」については、1年目の保険契約で通知されているはずだから、1年目の保険契約で保険金が支払われます。基本的に約款例第6条は、1年目と2年目とどの保険契約にて保険金を支払うのかについて、保険期間開始時点で整理しているのです。最初1年目の保険契約の保険期間開始後、「被保険者に対する損害賠償請求がなされるおそれがある状況」を知ったら、そのおそれが発生したときに保険会社に通知して下さいということになります。そうすれば「被保険者に対する損害賠償請求がなされるおそれがある状況」を知った時点の保険契約が発動しますという規定になっています。実際には、担当取締役Bが「被保険者に対する損害賠償請求がなされるおそれがある状況」を知ったタイミングと他の役員がその状況を知ったタイミングはずれるのですが、保険会社は保険金をまったく支払わないといっているわけではなくて、最初に通知してもらった時の1年目の保険契約で支払いますという建付けになっています。

後藤　なるほど。ただ、担当取締役Bが「被保険者に対する損害賠償請求がなされるおそれがある状況」を知った時点で通知しなかったら、結局保

険会社は保険金を支払わないですよね。

松本 そうなのです。私もそこが一番気になるところです。

増永 それは、免責事由の分離の問題ではなく、通知義務違反の問題として整理されると思います。具体的には、約款例第24条(4)にあるように、通知を怠ったため保険会社が被る損害があればそれを差し引いて保険金を支払うと規定されていますので、通知が遅れたから保険金を支払わないというわけではありません。過去には、通知が遅延した場合には一切の保険金を支払わないとして免責とする約款もありましたが、現在はこのような規定が一般的です。

松本 多分担当取締役Bは他の取締役より知るタイミングが早いのだと思うのです。その担当取締役Bが知ったタイミングと他の取締役たちが知ったタイミングの間にたとえば保険契約の更新があったとすると、担当取締役Bが知った時点で通知をしていなかったら、他の取締役に対する保険金も減額されるおそれがあるということになります。それでは、他の取締役たちの保護に欠けるのではないかなというのが一番気になるところです。想定事例の担当取締役Bについては、そもそも問題を隠蔽するような人物なので、保険会社にも通知をしないのではないかと懸念しています。

約款例第24条(2)に「保険契約者または被保険者が保険期間中に損害賠償がなされるおそれのある状況」とあって、この「おそれのある状況」という第24条(2)の言葉がそのまま約款例第6条③の免責事由に引用されているわけですよね。約款例第24条(2)では、「損害賠償請求がなされることが合意的に予想される状況に限ります」と限定がついているので、約款例第6条③の免責事由の「被保険者に対する損害賠償請求がなされるおそれがある状況」についても、同じ限定があると考えるということでしょうか。

免責事由のほうには「合理的に予想される状況」との限定が付されていない理由として考えられることとしては、約款例第24条(2)の通知の主体が「保険契約者または被保険者」となっていて、たとえば被保険者である代表取締役A、担当取締役Bと2人いるときに、1年目の保険期間中、担当取締役Bは通知していないが、2年目の保険契約期間中に代表取締役Aが通

知したというときでも代表取締役Aは2年目の保険契約ではカバーされないのかという問題が残ります。これについては、遡って1年目の保険契約における通知がなされたものとして代表取締役Aを保護するということは認められないのでしょうか。

　実務上はもう少し緩やかに解釈する余地もあるのかもしれませんが、約款の文言上は遡及的な通知というのは難しい印象があります。そもそも遡及的な通知を認めると、通知義務の意味も失われてしまうのではないかとも思われます。

後藤　先ほどおっしゃった損害賠償請求方式であることを踏まえると、保険金支払の基礎となる保険契約を「損害賠償がなされるおそれのある状況」を知った時点にかからしめること自体は合理的だと思います。ただ、その状況の認識や通知の主体が広すぎることに問題があるのだと思います。

　たとえば、約款例第6条③や第24条(2)の主体を保険契約者としておけば、代表取締役が「損害賠償がなされるおそれのある状況」に気付いたときが、どのポリシー[3]を採用するかの基準時になるわけですよね。それだったらまだわからなくもないと思います。社外取締役からすると、代表取締役が不祥事を黙っている可能性があるので、それでも保護としては不十分に感じられるかもしれませんが。

　しかし、通知義務をどの被保険者が気付いたときでも遅滞なく通知しなければいけないとして、通知義務違反があるとただちに被保険者全員が保険による保護が認められませんというのはやや非現実的である可能性はあると思うのです。そもそも、不祥事に最初に気づいた人がちゃんと言うのかどうかといった問題や、発生した不祥事にきちんと対応しないで隠している人がいるリスクに備えて役員たちがD&O保険に加入しているという実態を考えると、一番保険でカバーしてほしいリスクについての保護が外れてしまっているともいえるわけです。

　逆に、保険会社として、末端の担当取締役が不祥事に気付いたのだが、そ

---

[3] 保険会社と被保険者との間で締結された保険契約またはそれが記載された保険証券をいう。

れを保険会社に通知しなかったというリスクをそこまで排除したいものなのでしょうか。どの保険期間に保険金の支払負担を配分するかという問題だけだとすれば、新旧のいずれかで持つことになり、排除しなくてもよいように思うのですが。

増永 そのような側面もありますので、現在では、第6条③に規定する免責事由について分離適用する約款も登場しています。

(4) 「遅滞なく通知」の解釈

〔図表3-5〕支払条項（約款例）

> 第1条 （保険金を支払う場合）
> 　当会社は、被保険者が会社の役員としての業務につき行った行為（不作為を含みます。以下「行為」といいます。）に起因して保険期間中に被保険者に対して損害賠償請求がなされたことにより、被保険者が被る損害（以下「損害」といいます。）に対して、この約款に従い、保険金を支払います。

後藤 保険契約は6月末締めが多いということでしたが、この約款例の規定を踏まえると、たとえば1年目の保険契約期間中の6月30日に担当取締役Bが問題に気付いた場合、担当取締役Bが2年目の保険契約期間中となる翌日の7月1日に出社してから社長に報告し、社長が慌てて保険会社に対して「被保険者に対する損害賠償請求がなされるおそれがある状況」を通知してもダメなのですよね。6月30日から7月1日になる時点で、契約が更新されてしまっているので。

増永 実務上、先ほど通知が遅れたときにどこまで助けるのかという話がありましたが、通知が遅れても、通知すべきであった対象の保険契約で保険金支払対象になります。通知が遅れた場合に、即免責となるわけではありません。〔図表3-4〕の約款例第24条(4)には「正当な理由なく(2)に規定する義務に違反した場合は、それによって被った損害の額を差し引いて支払います」と規定されているとおり、正当な理由があって遅滞した場合には通知義務違反の責任は問いません。逆に、正当な理由なく通知の遅滞があって保険

会社が損害を被った場合には、その額は差し引きます、という規定になっています。

後藤 仮にどのポリシーにあてはめるかという話だとすると、約款例第6条③をなくして、約款例第24条だけでいくことにして、どのポリシーにあてはめるかは一番最初に気付いた人が気付いた時期のポリシーにしますという規定は認められないものなのでしょうか。

約款例第6条③自体はこの保険契約の保険期間の初日の認識を問題にしているので、更新していくと常に更新日の認識が問題となります。通知義務をかけたいということはもっともな要請で、遅れたことによって損害が発生したらその分は差し引きますというのは誰も異論はないと思うのです。これがずっと50年とかという期間の保険契約のポリシーだとしたら、被保険者がどこで気付いてもそれだけで解決されると思います。もっとも、その場合であっても、経理上、保険契約を1年ごとに細分化することも必要だとは思うのですが。そうすると、通知期間というのが第24条(4)は正当な理由なく遅れたのでなければ、そこまでうるさいことは言わないと言っているのですが、約款例第6条③があることによって、事実上、最初に同僚の誰か1人が「被保険者に対する損害賠償請求がなされるおそれがある状況」に気付いたときから、そのときの保険期間の末日までということで、通知期間が、事実上限定されてしまっているわけですよね。

落合 それはどこで限定されているのですか。

後藤 約款例第6条③で2年目の保険契約期間の初日にBが知っている以上、更新された2年目の保険契約で払われることはないわけですよね。そう直接は書いてありませんが、約款例第6条③と第24条を併せて読むことによって、事実上そういった規定ぶりになっています。

松本 1年目の保険契約期間が終了してから、それぞれ半年後、1年後、10年後ぐらいのタイミングで「被保険者に対する損害賠償請求がなされるおそれがある状況」に気付いたパターンを検討してみるとどうでしょうか。約款例第24条(2)でいうところの「遅滞なく」の解釈の問題にもなるかと思いますが、約款に手がかりとなる規定がない場合には、民法の解釈の問題に

もなるかと思います。まず、その前提として、1年目の保険契約の効力は何年くらい持つのでしたか。

増永　約款例第24条(1)は「遅滞なく」通知をするように規定していますが、そんなに長く通知までに時間を要することを想定しているわけではありません。

武井　「遅滞なく」以外の概念で1年目の保険契約のポリシーに基づいて保険金が支払える期間の限度を画する概念はありますか。

後藤　たとえば、保険金請求権の3年間の時効があるかと思います。

増永　時効については、時効の起算点は、保険金請求できる時期、つまり損害賠償責任の有無・賠償金額の確定時や争訟費用の確定時と規定しており、保険会社への通知時点や損害賠償請求のおそれが生じた時点で時効が開始することはないので、保険金請求権の時効に関する懸念はないと思います。

後藤　〔図表3-5〕の約款例第1条では、保険金は「保険期間中に被保険者に対してなされた損害賠償請求」に対して支払われると規定されているようですが、そうするとその保険期間中に損害賠償請求がされる必要があるので、「損害賠償請求がなされるおそれがある状況」の通知も保険期間内にされなければならないように思われます。

増永　保険期間内に通知されればよいですし、「遅滞なく通知」される場合は保険期間終了後でもかまいません。

後藤　約款例第24条(2)に書いてあるのは、通知と被保険者に対する損害賠償請求をイコールにみなしますということです。

保険金支払事由となる損害賠償請求はその保険期間中に来なければいけないことを定めたのが、約款例第1条です。保険金支払事由となる損害賠償請求に対応する保険金の支払義務が発生する保険契約は、「損害賠償請求がなされるおそれのある状況」に一番最初に気付いた被保険者が気付いた時点での保険契約であるとすると、その保険期間を超えてしまったら、その保険期間内に通知がなかったので、結局保険事故は発生しなかったとみなされるのではないでしょうか。

松本 後藤先生が指摘した点については、遅滞なく通知したら保険期間中にあったこととみなすということなのかと理解したのですが。たとえば、1年目の保険期間が経過して2年目の保険期間中に通知がなされた場合であっても、1年目の保険契約からみて「遅滞なく通知」されたといえれば、1年目の保険期間中に請求がなされたこととみなすという規定と理解しています。

増永 仮に通知が1年目と2年目の保険期間の更新をまたいでしまったとしても、「遅滞なく」通知がされた場合には、約款例第24条(2)の「この場合において」以下で定められているとおり、通知時点で、被保険者が当該事実を知った時に被保険者に対する損害賠償請求がなされたものとみなされるので、更新前の1年目保険期間中に損害賠償請求がなされたとみなされ、特に問題は生じません。

後藤 遅滞なく通知したと評価してもらえるかどうかにかかってくると。

矢嶋 そうすると、「遅滞なく」の評価が問題となるかと思いますが、実務上は、通知が大きく遅れてもそのことを理由に保険金の支払を拒むことまでは通常しないため、実務上の意義は大きくありません。

増永 通知が遅れた場合、保険会社としては、それによって保険会社が被る損害が生じているか、保険金を削減払いする要素があるのか、ということを考慮しつつ、遅滞について判断することになると思います。

松本 月単位で通知が遅れた場合であっても、実務上は保険金が支払われていると聞きます。約款例第24条(2)の「遅滞なく」と同条(4)の「正当な理由なく」は、別問題ともいえるかもしれませんが、正当な理由があるといえれば結構長くても認めているということなのですかね。また、「正当な理由」が認められる場合も広いのかもしれません。

矢嶋 保険会社としては、遅滞なく通知を求める理由は、保険会社が適時に情報を得ることにより、損害や費用のさらなる拡大を防止するべく、事案を適切に管理していくことにあるわけですので、本来、遅くなっても通知さえすればよい、ということにはなりません。ですから、「遅滞なく」は常識の範囲内で判断されるべきもののはずであり、その範囲を超えて遅滞した場

合は、保険契約者または被保険者はその不履行による「損害」、これは、結局支払う保険金の算定の基礎となる役員の損害賠償責任額の増加ということになると思いますが、この「損害」を保険会社に賠償する義務を負う、つまり、約款例第24条(4)でいうところの「損害の額を差し引いて保険金を支払います」ということになるのだと思います。もっとも、通知の遅滞により支払う保険金額が増加したと示すことは難しく、事実上不問になってしまっているというのが実情かと思われます。

　増永　保険契約者である会社は、不祥事が起こったり、そのおそれがあるなと思うと、保険契約の更新のタイミングで自社のD&O保険の支払限度額を検討するのが一般的ではないでしょうか。たとえば、1年目に限度額3億円で加入していた会社が損害賠償請求のおそれがあると思うと、2年目に限度額を5億円に上げる、さらに10億円に上げるということも考えられます。一方で、保険の公平性の観点からは、損害賠償請求のおそれを知った後に補償条件を有利に変更しその条件で保険金が支払われることは望ましくないので、おそれがある場合にはきちんと通知をしてもらい、支払限度額を上げる前の1年目の保険契約の支払限度額に基づいて、保険金を支払うべきという考えがあります。

　武井　保険会社としては、モラルハザードを防ぐためにということですね。

　後藤　そのこと自体はまったく異論ありません。そうすると、たとえば、この想定事例の担当取締役Bが問題をずっと隠していて、それが2年後や3年後に発覚して大問題になった場合であっても、それは、代表取締役Aが、担当取締役Bが隠していた問題に気付いた段階ですぐ通知すれば、「遅滞なく」と認められ、あるいは「正当な理由なく」にはあたらないとして問題はないということでしょうか。ただ、担当取締役Bについては「正当な理由なく」という要件は認められなさそうなところが懸念されますね。

　武井　「遅滞なく」という判断はその行為者にとって遅滞なくやるべきことをやったかどうかという、そういう概念で読むべきという話になりますかね。

松本 約款例第24条(2)や(4)の主語は、「保険契約者または被保険者」とされているので、その点も考える必要があるように思われます。

増永 おっしゃるとおり、約款例第24条(2)に基づく通知を行う主体については、同条項の冒頭の「保険契約者または被保険者」が通知義務の主体にあたります。

落合 「保険契約者または被保険者」の「または」という部分をand/orと読むのではなく、素直に文理的に読むのでしょうか。つまり、保険契約者か被保険者のどちらかが「遅滞なく」通知すればいいという意味なのか。そこで結論としては、代表取締役Aが気付いてすぐ保険会社に通知していれば、「遅滞なく」と認められるので、保険金が支払われないようなことにはならないといえそうですね。いうなれば、「遅滞なく」のところの総合解釈の問題ともいえるのでしょうか。

(5) 損害賠償請求がなされる「おそれ」の役員別の範囲

増永 後ほど議論する告知の分離条項の論点でも議論されるとは思うのですが、「損害賠償請求がなされるおそれのある状況」の「おそれ」の有無は、誰についての、また、どの範囲の役員についてまでの「損害賠償請求がなされるおそれ」なのかという点は保険会社の認定実務に際しては難しい面があります。つまり、これまでお話してきた事例でいうと、担当取締役Bに対する損害賠償請求のおそれについては、1年目の保険期間中に通知がされなかったので、1年目の保険契約では約款例第24条の通知義務違反になりえますし、2年目の保険契約では約款例第6条③に基づいて免責されます。しかし、代表取締役Aに対する損害賠償請求のおそれは、担当取締役Bの報告を受けた段階で発生し、その時点での保険期間中に通知がされれば、約款例第24条の通知義務違反にはならないのではないかという点については、2年目の保険契約では約款例第6条③により担当取締役Bの認識に基づいて代表取締役Aも免責となることとの関連から、担当取締役Bの通知義務違反があれば1年目の保険契約は通知義務違反ありと取り扱うことになります。「おそれ」については、約款文言をどのように適用するかという実務認

定が難しい面がありますので、企業や役員に対するヒアリング等を通じて十分に事実関係を確認した上で、適切な通知のタイミングを検証し判断していますが、おそれの通知は適用される保険契約を確定するために重要な手続ですので、通知が漏れたり遅滞することがないよう、保険会社にきちんと通知いただくことを改めてご認識いただきたいと思います。

武井 約款例第24条(2)の規定の中で「被保険者に対して損害賠償請求がなされるおそれのある状況」について、括弧書で「損害賠償請求がなされることが合理的に予想される状況に限ります」と限定されていることは、約款例第6条③に規定された免責の要件としての「被保険者に対する損害賠償請求がなされるおそれがある状況……を知っていた場合」の「損害賠償請求がなされるおそれ」についても同じように限定されるわけですよね。

後藤 もし約款例第6条③では、「損害賠償請求がなされることが合理的に予想される状況に限ります」との限定をあえて書いていないとしたら、約款例第6条③の免責事由については、少しでも「損害賠償請求がなされるおそれ」に気がついたらそのときに保険金を支払う保険契約の割当を行うが、約款例第24条(2)の通知義務については、ある程度合理的な場合に限定しないと機能しないということでしょうか。ただ、そうすると保険会社としては、保険事故をどの時期の保険契約に割り当てるのか判断するのが相当大変ですね。

松本 会社としては、「損害賠償請求がなされるおそれがある状況」があると、念のため通知をしてしまおうということが頻発する可能性もありますね。ただ、保険会社としては、それでは困るので、「損害賠償請求がなされるおそれがある状況」がある程度確実に発生すると見込まれる場合、つまり「合理的に予想される場合」ということですが、そこを基準時にしたいということなのでしょうか。ちなみにこのあたりは外資系保険会社の約款だとどのような感じなのですか。

山越 少し話は変わりますが、通知を限定するという観点からいうと、「遅滞なく」通知を行えば足りるということは、被保険者側にとってかなり有利に働くと思うのです。この点、外資保険会社のD&O保険約款は、一

3 　類型ごとに免責事由の分離の有無に差がある理由

般的に保険期間の終了後60日以内に通知しなさいと規定していることが多いのですが、要は保険期間が終了しても、その後に通知して、たとえば6月30日に1年目の保険契約の満期が来てしまい、2年目の保険契約期間中である9月1日に通知しても、この「遅滞なく通知」というのは生きるのだと思います。たとえば、事故通知遅延理由書などの経緯書を提出させて救済するといったことが考えられます。一方、外資系保険会社の約款では、30日以上過ぎた場合はその通知を受け付けませんというようなはっきりと区切った規定を見たことがあります。その代わり、その外資系保険会社の約款では、すべての免責事由について分離が認められています。

後藤　ちなみに、約款例等の国内保険会社のD&O保険の約款は、平成5年にアメリカのD&O保険の約款をモデルに作ったと思うのですが、なぜまったく同じ条文にしなかったのでしょうか。告知義務の期間が明確に定められている規定から、「遅滞なく」という幅のある解釈が可能な規定に変えた理由というのは何かあるのですか。

増永　特にそのあたりの事情は把握していません。

山越　日本のD&O保険では、①免責事由について連帯責任のもの、②免責事由の分離条項が入っているもの、③免責事由について連帯責任となるのか分離になるのか特に言及していないものの3類型があります。これらは全部特約で直すこともできますが、たしかに何年も前から一部の役員による不適切会計が続いていた事例で、不適切会計を知らなかった役員が巻き添えを食うのはどうなのかなとも思います。

武井　不適切会計などですとたしかに他の役員にまで免責の効果を波及させるのはおかしいとなるのですが、事案によっても違うのかもしれないですね。他の役員にまで免責の効果を波及させるべきものもあるのかもしれない。また、免責事由の分離だけではなく、「遅滞なく」の有無で処理するとか、どこで各事案の適切な解決をするかを考えるのも1つの解決方法かもしれないですね。

増永　ここまで話してきた中では、約款例第6条③と約款例第24条は、こういう連関になっているのですが、もしこれらの条項をバラバラの適用を

第3章　免責条項／告知義務／通知義務に関する実務上の諸論点

すべきではないかという点から考えると、「担当取締役Bは免責にするが代表取締役Aは救わないといけない」ということかと思います。そうすると代表取締役Aの通知をどう扱うかというところも含めて現行のD&O保険の建付けを変えていく検討が必要かなと思います。担当取締役Bが免責になると代表取締役Aを含む役員全員が免責になるのは不合理ではないかとの論点に関しては、直近販売を開始したパッケージ型D&O保険では免責の個別適用を約款に盛り込んでおり、その解決が図られています。なお、担当取締役Bについては約款例第6条③を論じるまでもなく、認識ある法令違反免責に該当するのだと思います。

　後藤　山下友信編著『逐条D&O保険約款』（商事法務、2005）115頁では、竹濱修先生が、免責事由が分離するかどうかについては何も言及していない約款について、被保険者が保険事故に気付いたのだが、「20条2項に基づく通知をしないで、次期の保険契約の更新を迎えると……てん補を受けられないことになる」と書かれています。したがって、竹濱先生は、先ほどの実務上の運用のお話とは違う理解をされているということですよね。竹濱先生は、更新手続中に言えばよいのではないかという解決策を提示されているのですが。

　増永　『逐条D&O保険約款』で参照している約款では、通知義務に違反した場合には保険金を一切支払わないと規定していますが[4]、現行の約款では削減払いの規定が一般的ですので、2年目の保険契約については免責、1年目の保険契約では削減払いの可能性があるものの補償対象になります。遅滞の取扱いについては、竹濱先生が言うように極めて厳格に適用されるのかという問題だと思います。実務上は、いつまでに通知すればよいのかと聞かれると、約款例では「遅滞なく」と規定しているわけですから、その規定に基づき「遅滞なく」通知してくださいと答えています。

　後藤　先ほどの増永さんのご説明は、遅滞があったらダメなのだが、保険契約が更新する時期に入ったらダメだとは読まないというご趣旨で、あくまで「遅滞なく」の解釈に基づいてやるということですよね。そうするとこの竹濱先生の解説はちょっと違うということになりますね。

3 類型ごとに免責事由の分離の有無に差がある理由

山越 その『逐条D&O保険約款』に掲載されている約款は20年前の約款なのでしょうが、その約款を見ると、連帯責任を負わされているのですよね。

(6) **通知が認められるのが「合理的に予想される状況」に限定されている理由**
増永 先ほど、約款例第24条(2)に「(ただし、損害賠償請求がなされることが合理的に予想される状況に限ります。)」というただし書があるのはなぜかという話も出ましたが、保険会社としては、一方的に、被保険者から通知されても困るときがあります。被保険者が、客観的・合理的には損害賠償請求の蓋然性がないにもかかわらず、何でもかんでも通知して、通知したからその時点での保険契約での支払を主張されるケースに備えて、保険者側から反論する余地をここでは残しているわけです。
矢嶋 予想される保険事故が起こるかどうか極めて曖昧な事案ないし時点で、将来的にその保険事故が起こった後に保険契約を更新したら確実に保険料が上がるようなときや、更新前の1年目のポリシーにおける保険金額のほうが大きいときに、保険事故の発生の有無が曖昧な状況であるにもかかわらず「おそれがある」として通知しておいて、更新前のポリシーが適用されるといってくるような例があります。

---

(4) 第20条（損害賠償請求等の通知）
1　保険契約者または被保険者は、被保険者に対してなされたすべての損害賠償請求を遅滞なく当会社に対して書面にて、損害賠償請求者の氏名および被保険者が最初にその請求を知った時の状況を含め、申し立てられている行為および原因となる事実に関する情報を通知しなければなりません。
2　保険契約者または被保険者が、保険期間中に、被保険者に対して損害賠償請求がなされるおそれのある状況（ただし、損害賠償請求がなされることが合理的に予想される状況に限ります。）を知った場合には、その状況ならびにその原因となる事実および行為について、発生日および関係者等に関する詳細な内容を添えて、遅滞なく当会社に対し書面により通知しなければなりません。この場合において、通知された事実または行為に起因して、被保険者に対してなされた損害賠償請求は、通知の時をもってなされたものとみなします。
3　保険契約者または被保険者が、正当な理由なく前2項の通知を行わないときは、当会社は、その損害をてん補しません。

増永 それと、賠償請求が明らかに予見されるような事態がすでに起こっているのがわかっている場合、保険会社は保険事故となるのが明白な当該事象については一部補償条件を縮小して引き受けるケースがあるのです。契約更新のときに、たとえば今までと同じ条件だと保険料はこうです、一方で保険事故となるのが明白な事象の補償条件を制限すると保険料はこうです、といった交渉をすることがあります。

矢嶋 契約者が、何か事故が起きて消費者から苦情やクレームを受けたときに、それがリコール事案かどうかもわからないけれど、保険会社に、リコール全体に対する一連の損害賠償請求のおそれが発生したと通知することもありえます。ただ、それは広すぎるのではないかという懸念もありえます。アメリカでは、このような「おそれ」の有無が問題となる事案について争われているケースがあります。

後藤 日本では、保険会社が払わないといってくれないからか、なかなか判例が生まれないですね。

武井 日本だと約款の中で結構ふわっとした文言が多いので、払ってはいけないとクリアに判断できるケースも少ないのでしょうか。今の「遅滞なく」の解釈ひとつ取っても、結構期間を延ばすことは可能なわけです。日本のD&O保険ではいろいろな約款内の文言が機能していて、保険金の支払について安定した均衡が保たれてきたことがわかりましたね。

後藤 実は問題はなかったということですね。

4 告知の分離条項

(1) **告知義務と告知の分離条項**

武井 次は、告知の分離条項について議論しましょう。

松本 告知義務については、保険法上の規定がいろいろありますが、「保険契約者または被保険者になる者は、損害保険契約の締結に際し、損害保険契約によりてん補することとされる損害の発生の可能性(以下……「危険」

という。）に関する重要な事項のうち、保険者になる者が告知を求めたもの（……「告知事項」という。）について、事実の告知をしなければならない」（保険法4条）として、保険者から求められた告知事項について回答すべき義務ということで告知義務が規定されています。

この告知義務に故意または重過失により違反した場合、保険者は保険契約を解除することができる（保険法28条1項）との規定、および、解除の効力は将来に向かってのみ生じるが、保険者は、解除がされた時までに発生した保険事故による損害を塡補する責任を負わない（同法31条1項、2項）との規定があります。これらの規定を踏まえると、解除の効力自体は将来に向かって生じるものの、解除以前の保険事故に対する保険金も払ってもらえなくなるということで、告知義務違反は重要な効果を持っているということになります。

この告知義務違反の判断については、先ほどと同様に、被保険者ごとに分離するかしないかという論点が出てきます。被保険者ごとに個別に行われるものとされている場合には、ある役員に告知義務違反があっても、他の役員は自らが告知義務に違反しない限り、保険の保護が得られることになります。

これに対し、告知の分離条項がない、すなわち、告知義務の違反の判断を被保険者ごとに個別に行わない場合は、被保険者である役員の1人でも告知義務に違反している場合には、他の役員も自らが告知義務に違反していない場合であっても、保険の保護が得られないことになります。

そこで、先ほどと同様に、「告知の分離は必要か。告知事項の類型ごとに告知の分離がなされるべきか否かは異なるか」ということが問題となります。告知義務者としては保険契約者または被保険者になる者ということで、告知義務者が複数いる場合には各人が告知義務を負うということになっています。同一の告知事項について1人が告知義務を履行した場合は、他の者は重ねて告知義務を負うものではないとされていて、代理人により損害保険契約が締結される場合には、代理人について告知義務の履行の有無が判断されるので、保険契約者が法人である場合には、その代表権を有する者が告知義

務者になるとされていることが一般的かと思います(5)。

　先ほど述べたように、告知義務は質問応答義務として規定されているので、保険者が告知を求めなかった事項についてまで告知義務違反を問うことはできないとされています。

　告知義務違反による解除の主観的要件としては、告知義務者が告知事項について故意または重過失により不告知または不実告知を行ったことが必要となりますので、保険契約者が法人である場合にはその代表権を有する者について、その故意または重過失が判断されると考えられます。ここにいう重過失とは、ある事実を知っていたがその重要性を重過失により知らず、あるいは重過失により告知しなかったまたは不実告知をした場合をいうとされていまして、そもそも重過失によりその事実を知らなかった場合にまで告知義務違反の成立を認めるものではないと解されています(6)。この要件の主張・立証は、当該損害保険契約の解除を主張する保険者側が負うことになります。〔図表3-6〕の約款例第12条に告知義務に関する規定が置かれています。

武井　告知義務違反の効果としては、解除せずに保険金を支払わないということも考えられますか。

増永　告知義務違反があれば契約解除できることとし、解除する場合には解除の前後を問わずその保険契約開始後に生じた保険事故について保険金を支払わない、というのが告知義務違反の効果です。〔図表3-6〕の約款例第12条(4)で言っているのは、損害賠償請求がなされた後に保険契約を解除したとしても、告知義務違反による解除だった場合には、損害賠償請求がなされていたことにより被る損害に対して保険金を支払いませんということです。保険契約の解除の後になされた損害賠償請求については、解除した後の保険事故なので当然払わないということになります。

後藤　さっきの話の続きになるのですが、これで2年目の契約更新時に、担当取締役Bが保険事故を知っていたので、2年目の段階で告知義務違反

---

(5)　山下友信＝永沢徹編著『論点体系　保険法1』（第一法規、2014）70頁［梅津昭彦］。
(6)　山下＝永沢・前掲注(5)254頁［梅津］。

〔図表3-6〕告知義務条項（約款例）

> 第12条　（告知義務）
> (1)　保険契約者または被保険者になる者は、保険契約締結の際、危険（損害の発生の可能性をいいます。以下同様とします。）に関する重要な事項のうち、保険契約申込書その他の書類の記載事項とすることによって当会社が告知を求めたもの（他の保険契約等に関する事項を含みます。以下「告知事項」といいます。）について、当会社に事実を正確に告げなければなりません。
> (2)　保険契約締結の際、保険契約者または被保険者が告知事項について故意または重大な過失によって事実を告げなかった場合または事実と異なることを告げた場合は、当会社は、保険契約者に対する書面による通知をもって、この保険契約を解除することができます。
> (3)　(2)の規定は、次のいずれかに該当する場合には適用しません。
> 　①　(2)の事実がなくなった場合
> 　②　当会社が保険契約締結の際、(2)の事実を知っていた場合または過失によってこれを知らなかった場合（当会社のために保険契約の代理を行う者が、事実を告げることを妨げた場合または事実を告げないこともしくは事実と異なることを告げることを勧めた場合を含みます。）
> 　③　保険契約者または被保険者が第1条（保険金を支払う場合）の損害賠償請求がなされる前に告知事項につき書面をもって訂正を当会社に申し出て、当会社がこれを承認した場合。なお、当会社は、訂正の申出を受けた場合において、その訂正を申し出た事実が保険契約締結の際に当会社に告げられていたとしても当会社が保険契約を締結していたと認めるときに限り、これを承認するものとします。
> 　④　当会社が(2)の規定による解除の原因があることを知った時から1か月を経過した場合または保険契約締結時から5年を経過した場合
> (4)　(2)の規定による解除が第1条の損害賠償請求による損害の発生後になされた場合であっても、第19条（保険契約解除の効力）の規定にかかわらず、当会社は、保険金を支払いません。この場合において、すでに保険金を支払っていたときは、当会社は、その返還を請求することができます。
> (5)　(4)の規定は、(2)の事実に基づかずになされた第1条の損害賠償請求による損害には適用しません。

ありとして、2年目の契約を解除しますといったときに、1年目の保険契約に基づく保険金の支払については支障は出ませんか。それとも2年目の保険契約に基づく保険金の支払のみができないということになるのでしょうか。

武井 1年目の保険契約については告知義務違反はないわけですよね。そうすると、1年目の保険契約で保険金を支払っても、約款例第12条は影響しないということでよいですか。

増永 ご指摘のような、1年目の保険期間開始後に保険事故を知った場合で、2年目の契約更新時にその事実を告知しなかった場合ですと、2年目の保険契約について告知義務違反があるだけなので、1年目の保険契約に関しては、保険金を支払いますね。

後藤 2年目の保険契約の更新では告知義務違反が問題となって解除されようが、1年目の保険契約で「遅滞なく」通知したといえた範囲だとすると、その1年目の保険契約では払ってもらえるということですかね。

矢嶋 告知義務は、あくまでも保険契約締結時点における認識が基準となりますので、そういう理解になると思います。

松本 後藤先生の懸念は、2年目の保険契約の更新時に告知義務違反があったということは、その前の1年目の保険期間では通知していないのだろうという推測が働くから、事実上保険金の支払に問題が出るのではないかということですよね。おそらく被保険者が事故があった時点で通知していたら、保険契約の更新時に告知義務違反だというのは気付くのではないかと思います。また、逆に、1年目の保険期間が終わる頃に問題が起きて誰か気付いた人がいたけれども保険会社への通知が漏れていて、2年目の保険期間に入ってから通知した場合には、1年目の保険契約について「遅滞なく」ということができれば、問題がないように思われます。

矢嶋 損害賠償請求が、複数年のポリシーにまたがるような継続的な行為に対する損害賠償請求であったとすると考え方が難しくなります。たとえば、瑕疵のある製品を一定期間販売したことにより、多数の被害者から損害賠償請求を受けるというようなケースです。このような場合に告知義務違反があると当然保険料の計算の前提が違ってくることもあります。

武井 〔図表3-1〕の設問の場合、1年目にリコール等が発生したとしたら、2年目の保険契約について、告知の分離条項が問題となるという理解でいいのでしょうか。

松本 ここでは、2年目の保険契約の更新時に、担当取締役Bが告知義務に違反していることによって、他の役員もまとめて2年目の保険契約を解除されてしまうというのが問題ですよね。

後藤 保険契約に告知義務の分離がなかったとすると、1年目の保険契約でカバーするほうが担当取締役B以外の役員は保護されることになりますね。

(2) **契約締結時点での告知義務の考え方**

増永 ここまでは、更新時に告知義務違反があった場合の話をしてきましたが、そもそも最初に保険契約を締結する時点で告知義務違反があった場合にはどうなるかも大きな問題になると思います。

松本 一番はじめの保険契約の締結時に発生する問題としては、告知義務違反となる事実について、知っている人と知らない人がいた段階で、知っている人については告知義務違反になってしまうときに、告知の分離条項がなく、知らない人についてまで全員保険契約が解除されてしまうというのは妥当なのかというところですね。

増永 まず前提問題として、告知事項の確認は、被保険者全員ではなく、代表者の署名捺印のみで対応することが一般的だと思います。保険会社では、代表取締役などが告知事項に署名するにあたっては、告知事項を他の役員にも確認していることを想定していますので、特に被保険者全員の署名は要求していません。これは、代表取締役のみに署名捺印してもらうということのほうが実務上簡便だから、ということだと思います。

松本 代表者の告知したものを全員の告知とみなしているということなのですよね。なので分離されていないという理解でよろしいでしょうか。被保険者になる者は、告知事項書等への代表者の署名をもってその他の保険契約者および被保険者の告知とみなす、といった文言が入っているのですか。

増永 そのようなみなし文言が入っているわけではありませんが、告知事項申告書の署名欄に「本保険契約の被保険者となる全役員のうちどなたか1名の方に代表して署名または記名・押印をお願いします。ご申告いただいた

内容は、全役員の方に適用されますので、ご注意ください」との記載を入れております。この問題を突き詰めていくと、告知義務違反の有無を被保険者単位で判断してほしいという要望がある場合には、被保険者ごとにきちんと告知事項の確認をとっていただくことが必要になります。つまり、告知の分離条項に対応した実務を導入し、個別に告知義務の分離適用を明確に特約で規定する対応を取ればよいのです。経産省実務検討ポイントでも告知義務の分離が推奨されていますから、実際に企業から照会があった場合、このような方式で対応可能という話をしています。

　ただ、実際に告知義務の分離を認める形に約款を変えた事例はまだありません。これは、告知義務の分離を行うと企業実務にどのような影響があるのか明確になっていないことがその背景にあると思いますし、親会社の役員のみならず、子会社の役員全員の告知事項の確認まで個別に取り付けるのかということは実務上の課題になると思います。

　後藤　子会社の役員まで含めると告知事項の確認を取る範囲がすごく広くなってしまうと思います。一方で、対極として、代表取締役にだけ告知事項を確認し、他の役員については、一切認識をも問わないという選択肢も理論的にはありうるわけですよね。

　増永　代表取締役の告知事項の確認の意義について、保険会社としては会社全体のD&O保険のアンダーライティングをする一環として、代表取締役に告知事項の確認をしてもらっているということです。

　後藤　代表取締役のみに告知事項を確認して、個々の被保険者に個別に告知事項は確認しませんという現時点で行われている方法を採る場合には、仮に、末端の人が告知義務違反となる事象に気付いていた場合、告知義務違反として後から解除しますが、そのリスクは代表取締役が自分でとって、自分で他の被保険者に対して確認して下さいと言っているわけですよね。

(3) アメリカの完全分離／限定分離の考え方

　松本　アメリカでは、完全分離（full severability）と限定分離（limited severability）という考え方があり[7]、完全分離とは「被保険者がそれぞれ申

込書を記載し、各申込書はそれぞれ分離した申込みとみなして取り扱うか、被保険者の1人の認識は他の被保険者に帰属しないとされること」、限定分離とは「申込書の署名者又は特定の指定された被保険者の認識がすべての被保険者に帰属する場合を除き、被保険者の1人の認識は他の被保険者に帰属しないとされること」という意味とされていますが、これは具体的にはどういうものですか。

山越 完全分離というのは、被保険者である代表取締役も財務担当役員も、あるいは管理職従業員も、すべて一人ひとり告知を分離しましょうというものです。役員個人のリスクをカバーする Side A に関しては完全分離になっていることが多いです。限定分離というのは、ときどきあるのですが、重要な役員、アメリカでいうところの上級役員、日本でいえば代表取締役や財務担当役員など会社の重要事項や機密事項を知っている方々、あるいは申込書にサインをした役員の方が告知義務違反をしたら全員免責にしますというものです。裏を返すと、平取締役が告知義務違反をしたとしても助けてあげますというのが限定分離ですね。これは、どちらも一般的な D&O 保険の内容として存在しています。告知については、実務上、被保険者について個別に取ることはしていません。ほとんど全世界をカバーするような補償だとすると、海外の何千人にも及ぶような子会社の役員や管理職従業員について個別に告知事項の確認をすることはほぼ物理的に不可能です。告知事項書の確認方法としては、日本と同様、親会社の代表取締役の署名を取っているのだと思います。

後藤 たとえば、保険契約者である会社が手間を嫌がって、子会社の役員に対して告知事項の確認をしっかりしなかったとします。そして、後から、その子会社役員が損害賠償請求で訴えられたとき、その役員がもし告知義務違反にあたる事実を知っていたとすると、告知事項について答えていなかったではないかと言って、D&O 保険による保護がなくなってしまうということですか。

---

(7) Dan A. Bailey, *D&O Insurance Application Severability* (2004), at 2, *available at* http://baileycav.com/site/assets/files/1432/d_o_insurance_application_severability.pdf

松本 子会社の役員に対して告知事項の確認をしなかったということですが、通常は、メール１本くらいででも告知事項の確認を取っていることが一般的なようにも思われます。

後藤 日本だと、告知事項の確認は質問応答義務という扱いですよね。この場合、保険会社は、被保険者に聞いてもらうために、保険契約者に対して告知事項に関する質問を渡したけれども、保険契約者が被保険者に面倒臭がって渡してくれなかった場合に、質問したことになるのですか。

山越 その場合は、保険会社が質問したことにならないでしょうね。そもそも実体としては、D&O保険に入っていることすら知らない管理職従業員はいくらでもいるでしょう。

後藤 この場合、保険会社が質問応答義務を尽くしていない以上、被保険者について告知義務違反を問うことはできないとなるのですかね。

山越 そうですね。告知義務を、日本と同じような質問応答義務として構成している場合であれば、被保険者に対する告知義務違反を問うことはできないと思います。アメリカでは契約者に少なくともCEOとCFOは告知書にサインして下さいということを要求することで対応しているようです。

松本 告知事項を実務的に確認できる範囲から確認すると、重要な役員のみに告知事項を確認する限定分離的な感じになるということですかね。

後藤 限定分離ということを明示的に定めていなくとも、結果的にそうなりますね。ただし、限定分離の場合は、代表取締役が嘘をついていると保険の保護が全部飛ぶが、完全分離だとすると、事実上代表取締役の署名しかとっていない場合には、他の人は救われるわけですよね。

(4) イギリスの複合保険／合同保険の考え方

松本 イギリスでは、複合保険（composite insurance）と合同保険（joint insurance）の２種類の保険の概念があるようです[8]。複合保険とは「複数の

---

[8] Malcolm Clarke, *Policies and Perceptions of Insurance Law in the Twenty-First Century* (Oxford University Press, 2005), at 208.

被保険者の被保険利益が異なる場合」、合同保険とは「複数の被保険者の被保険利益が同じ場合」と言われていますが[9]、複合保険、合同保険とはどのようなものですか。

山越 イギリスでそういう概念があるようです。D&O 保険みたいに複数の被保険者がいるような保険について、たとえば、100 人の被保険者がいたら、概念的に 100 本の契約が存在していて、それを 1 つの束にしたものを複合保険といっています。もう 1 つの概念が合同保険です。これは D&O 保険の場合だったら、被保険者の間で利害が対立することや共通の利益がない場合がありますが、合同保険は、被保険者の中に共通の利益がある、あるいは、被保険利益が同じような契約を想定していると思います。そういうものであれば複合保険ではなくて合同保険ということで契約は 1 本です。イギリスの D&O 保険は複合保険で、100 本の契約が 1 つの束になっているだけなので、告知に関しても 100 個告知があるとみなすことになります。イギリスでは、複合保険の形式で分離が基本になっているので、告知や免責の分離に関する議論もありません。最初から保険約款に分離条項が導入されているか、保険契約者が要求すればすぐに保険会社が分離条項を保険約款に入れてくれます。最初から保険会社側が被保険者に連帯責任を負わせる意図はほとんどないみたいです。もっとも、告知の実務は、基本的に代表者にしか告知事項の確認をしないということで日本と変わりはないと思います。ただ、より具体的に告知事項の確認の現場をみていくと、稟議を上げる事務方の人が財務部・法務部・総務部といったいろいろな部署に質問書を投げて回答してもらって、それを集約したものを最後に代表者が署名捺印することになるんですね。実際に代表者が見ているかどうかはまた別問題かもしれませんが。D&O 保険は、そもそも保険契約者と被保険者が別であるという点でも、被保険者が複数いるという点でも特殊性がある保険契約といえます。

後藤 仮に日本の D&O 保険がイギリスの複合保険と同様の分離を前提とした形式を目指す場合、告知義務違反についても、告知義務違反があった役

---

[9] Malcolm A Clarke, *The Law Of Insurance Contracts*（Informa, 2009）at 907.

第3章　免責条項／告知義務／通知義務に関する実務上の諸論点

員についてのみ解除するといったような一部解除のような構成になるのでしょうか。つまり、契約は結局1個しかないので、告知義務違反のあった被保険者を外すということになると思うのです。契約法や保険法の観点からいっても、本来、解除すると被保険者すべてについてD&O保険によるカバーがなくなるはずのところを、カバーがなくなる範囲を一部に限定して、この告知義務違反があった被保険者については、今後一切カバーしないおよびその人については払いませんという扱いにすることは可能だと思います。

　武井　イギリスの複合保険形式のD&O保険みたいに100本の契約のうちの1本がなくなるだけとみて、残り99人の同意が要るという話ではないのですか。

　後藤　逆に、本当に複合保険の契約だというと、被保険者ごとに1枚1枚契約書を書いて、印紙が要るとなるとややこしくなりそうですね。

　武井　1つの契約とすると、1人抜くのに残り99人の同意が要るともなりかねないわけですよね。

　後藤　契約の改定だからということですね。今議論しているのは契約解除の場面なので同意は要らないのでしょうが、そういう煩雑な自体も起こりえますね。

(5)　告知義務違反の効果

　増永　日本でも、契約の一部解除の構成を取ることは可能だと思います。ただし、それぞれ個別に告知事項を確認しているのだったら、告知義務違反により解除する人もこの人1人と特定することができますが、そうでない場合、解除する保険会社としては、どうしてこの人1人だけを告知義務違反として保険契約を解除するのかということをきちんと説明できないといけないということになりますね。

　後藤　この事案の担当取締役Bみたい人であれば、あなたはさすがに知っていたはずでしょうといえそうです。

　増永　被保険者からそれぞれ告知事項書をもらっていて、担当取締役Bだけ本当は不祥事について知っていたのに、不告知または不実の告知をしま

したということが明白なケースであれば、担当取締役Bについて保険契約を解除するのは合理的だと思います。

ただ、実際には、担当取締役Bに告知事項の質問がいっているか保険会社には把握できないわけです。告知の分離を実現するためには、担当取締役Bにきちんと告知事項の質問がいっているから担当取締役Bについて保険契約を解除するという建付けでないと難しいと思います。

松本 代表者の署名で、何もやっていませんといわれていたとしても、担当取締役Bが知っていたからといって告知義務違反といってよいかということなのですかね。代表者から担当取締役Bに告知事項を質問したのかという話が問題になるのですね。

増永 そうです。解除する側の保険会社としては、代表取締役Aから担当取締役Bに対して告知事項の質問がされていることを確認できないと、担当取締役Bに対して、保険契約を一部解除し、担当取締役BはD&O保険でカバーされませんと主張することは難しいように思われます。保険契約者である会社や担当取締役Bとしては、そんなことは聞かれていないと争うでしょうから、保険会社としては告知を個別に取らなければ、一部解除することは難しいだろうという懸念があります。

武井 ご指摘のように担当取締役Bが告知の機会がなかったことを理由として争っても、裁判所としては、担当取締役Bは仮に告知の機会を与えられなかったとしても告知をしなかったであろうとして、担当取締役Bの主張は認めないことはないでしょうか。

後藤 その点は、日本の告知義務は、質問応答義務として構成されているので、そもそも担当取締役Bについていうと質問されていない以上答えなくてもいいということになります。代表取締役Aが、担当取締役Bの質問書の受領権を代理して受領したという建付けにならない限りは、代表取締役Aに告知事項を渡したけれども、代表取締役Aから担当取締役Bに渡さなかったというのは、担当取締役Bに郵便を送ったが届かなかったというのときっと同じ扱いになるのですよね。

武井 会社としても分離を主張したいのだったら、担当取締役Bにちゃ

第3章　免責条項／告知義務／通知義務に関する実務上の諸論点

んと告知事項を届けておけという話になるのですか。

後藤　いや、告知事項が届いていなかったから、担当取締役Bは告知事項について確認を受けておらず、告知義務違反がそもそもないので、他の被保険者である取締役もみんな救われるのです。もちろん、会社が担当取締役Bに告知事項を伝えることを怠ったことが保険者との関係で不法行為になるかといった問題はあるでしょうが。

武井　なるほど。

後藤　ただ、告知義務違反がないとすると、およそセーフになってしまうので、担当取締役B自身も救えてしまうわけですよね。

松本　担当取締役Bについて告知事項の確認がされていないからといって、告知義務違反がまったくなくなってしまうということが、本来あるべき姿なのかというところですよね。

(6)　告知義務と質問応答義務とのリンク

松本　なぜ告知義務は、質問応答義務という建付けに変わったのでしょうか。

後藤　たとえば、一般の消費者相手の保険を考えたときに、消費者である保険契約者は、告知してくださいと言われたとしても、何を告知すればいいのかわからないことが多いと思います。特に、告知しなければならない病気にどういったものがあるかなどはわかりにくいでしょうし、そういったものをフォローするために、保険会社から先に告知事項を質問しているのです。そうすると、告知事項書の末尾にある「その他何かありますか」という記載の有効性も本当は怪しいということになりますが。

　損害保険に関する片面的強行規定の適用除外を定めた保険法36条は、「法人その他の団体又は事業を行う個人の事業活動に伴って生ずることのある損害」についての損害保険を適用除外としています。会社が役員の損害賠償の補償を提供した場合の会社を補償するSide Bによる保険金の支払は多分この適用除外に該当すると思いますが、役員個人の補償を行うSide Aはどうなるのでしょうか。

増永 Side A であっても、「事業を行う個人の事業活動に伴って生ずることのある損害」という扱いになります。

後藤 ただ、D&O 保険の Side A に関しては、役員は自らの事業を行っているわけではなく、あくまで別人格である会社の事業を行っているわけですよね。その点については、厳密な区別はしないのでしょうか。個人事業者の事業については事業活動関係損害保険契約[10]で取り扱うというのはあると思うのですが、役員の場合は保険法 36 条について、どういった解釈を行うのでしょうか。役員についても、保険法 36 条によって、片面的強行規定の適用除外を完全に受けるのでしょうか。

増永 約款例第 1 条では、「会社の役員としての業務」という言い方をしています。基本的には、役員の業務に関する保険だと理解しています。

後藤 法人の活動も「法人その他の団体又は事業を行う個人の事業活動」に含まれると思います。逆に、取締役は「事業を行う個人」ではないです。そこで、取締役の損害賠償責任は、法人の事業活動に伴って生ずることのある損害として、整理したほうがよほど便利だと思うのですが、どうでしょうか。

増永 D&O 保険については、役員個人の事業活動に関する保険と理解されています。

後藤 あまり上場企業の取締役を守る保険でそんなに保険契約者や被保険者に不利なことは発生しづらいので、片面的強行規定性はそんなに問題とならないということでしょうか。片面的強行規定の適用除外を受けるという結論としては異論がないのですが、条文解釈については少し違和感がありますね。

増永 担当取締役 B が実際には告知事項の確認をしなかった場合の告知義務違反の成否については、告知の分離ではなく、免責条項の個別適用で解決していく話という気がします。保険会社も、保険金の支払を拒むために

---

[10] 事業活動によって生じる財産、工事、休業、賠償責任、労災事故等の複数のリスクに関する損害を包括的に補償する保険。

は、告知義務違反で解除しないといけないとすると現実的に難しいところがありますので。

そうであれば、免責条項のところで、告知事項と同じように保険金の支払を拒絶すべき事象を規定しておけば足ります。

後藤 実際に告知事項の確認をしなかった場合の告知義務違反の成否については、裁判所の判断が出ないと不明な点が多いですね。

5 告知義務、通知義務の時系列についての整理

(1) 時系列に沿った論点整理

武井 告知と通知の話がいろいろと混在して出てきていますので、ここで、基礎的なところで申し訳ないのですが、少し全体的な確認をしておきたいと思います。〔図表3-7〕をご覧ください。

松本 〔図表3-7〕では、Yの軸が保険期間を指し、それぞれ1年ごとにY1、Y2、Y3、Y4が経過していくという意味です。わかりやすいように日付も入れています。Xは保険会社で、Y1とY2はX1社を使い、Y3ではX2社を使い、Y4になるとどの保険会社も保険を引き受けなかったということです。Y2で、不祥事が起こったので、保険会社を変えてみたが、Y4では、やはりもうどこも引き受けてくれなくなったというような状況や、予算の削減でY4でD&O保険を止めましたとかいろいろな理由で、D&O保険に加入しなかったという状態です。

さらに、〔図表3-7〕の下部では、設問を設定させていただいています。おそらくどの期間の保険契約でカバーされるかはいろいろな要素があるのかと思っているのですが、まずQ1(1)(2)は、原因行為と損害賠償請求のタイミングで、損害賠償請求方式をとった場合にどういう整理がなされるのかというところです。まずQ1(1)は原因行為がY1のところにあって、この段階では事故のおそれの通知をする程度までは至っていなかったので特に通知はしていないという前提を置いてみました。Y2のところで損害賠償請求がなさ

5 告知義務、通知義務の時系列についての整理

〔図表3-7〕D&O保険の更新に関する時系列の整理

保険期間	Y1	2014/7/1	Y2	2015/7/1	Y3	2016/7/1	Y4
保険会社	X1社		X1社		X2社		なし

Q1	(1) 原因行為がY1になされ損害賠償請求の蓋然性は高くなかったが、損害賠償請求をY2に受け、Y2に通知した場合	Y2の保険でカバーされる（損害賠償請求方式のため）
	(2) 原因行為がY2になされ損害賠償請求の蓋然性は高くなかったが、損害賠償請求をY3に受け、Y3に通知した場合	Y3の保険では、遡及日（先行行為担保特約条項により規定。原則として初年度契約初日の10年前の日：2005/7/1）以前に行われた行為に起因する損害賠償請求は免責とされている(注)。 このケースは原因行為が遡及日以降になされており、Y3ではカバーされる。Y2では事故のおそれの通知がなされていない（損害賠償請求の蓋然性が高くないため通知対象とならない）ため、カバーされない。
Q2	(1) Y1で事故のおそれを知ったが通知を怠っており、Y2に通知を行った場合	事故のおそれを知った時点であるY1の保険でカバーされるが、通知を怠ったため、それにより保険会社が被る損害を差し引いて保険金が支払われる。
	(2) Y2で事故のおそれを知ったが通知を怠っており、Y3に通知を行った場合	事故のおそれを知った時点であるY2の保険でカバーされるが、通知を怠ったため、それにより保険会社が被る損害を差し引いて保険金が支払われる。
	(3) Y3で事故のおそれを知ったが通知を怠っており、Y4に通知を行った場合	事故のおそれを知った時点であるY3の保険でカバーされるが、通知を怠ったため、それにより保険会社が被る損害を差し引いて保険金が支払われる。
Q3	原因行為がY3になされ損害賠償請求の蓋然性は高くなかったが、損害賠償請求をY4に受けた場合	どの保険でもカバーされない（損害賠償請求方式のため）

(注) 約款例の先行行為担保特約条項に規定された記名法人の役員に関する「保険証券記載の遡及日」を10年前の日に設定し、先行行為担保特約条項を全件付帯することにより、先行行為不担保に関する約款例第6条①に規定された「初年度契約の保険期間の初日」を読み替えている。

れたという場合です。ここはY1、Y2ともX1社と同じ保険会社でカバーされている保険なので、Y1で行為が起こっても、Y2の損害賠償請求を受けたタイミングでY2の保険でカバーされるというのが原則になると思います。

(2) 告知義務違反の有無

松本 まずQ1(1)です。Y2に入るときの2014年7月1日に何か会社から保険会社X1社に告知として言っておかなければいけないこと等の違反はありえますかという論点です。Q1(1)の結論は、Y2の契約で払うということが書いてありますが、Y2の契約に入るときに告知義務違反がなかったのかという問題です。このパターンはY1、Y2の期間中、X1社で保険会社は同一・継続している例です。

告知義務の点は、知らなければ何も告知義務違反はないという理解です。たとえば違法行為があって、これがQ1(1)の前提だと損害賠償請求の蓋然性は高くないとなっているのですが、仮に蓋然性が高かったとして、告知事項に該当する行為はありませんかという質問があったときに告知義務違反になる可能性はあります。この段階で、たとえば事故のおそれについてある程度蓋然性が高いとか、損害賠償請求される可能性があるということについて知っていて、かつ、保険会社から聞かれたときに故意または重過失で言わなかったとすれば、告知義務違反になるということだと思うのです。もっとも、そもそも聞かれないと告知義務の対象ではないという点は注意が必要です。知っていたのに故意重過失で言わなかったというのが告知義務違反の話なので、おそらくここでももともと事故のおそれの蓋然性が高くなければ、知るも知らないもないので、あまり問題にならないと思います。

落合 そうでしょうね。

(3) Y1で「損害賠償請求の蓋然性」があった場合の通知義務と保険金の支払

松本 Y1の段階で原因行為があって、Y2で損害賠償請求があったという前提で、仮にY1で事故のおそれが通知すべき程度まであるとすると、Y1で通知しなければならず、また、保険会社は、Y1で保険を払えることにな

ります。

落合 損害賠償請求が出ていなくてもということでしょうか。

松本 Y1で事故のおそれを知っていて、通知義務の対象になっているとすると、その時点で「損害賠償請求がなされるおそれのある状況を知った」場合となるので通知義務が発生します。

武井 通知義務の対象になっているとすると、損害賠償請求もあったということになるということでよいでしょうか。

松本 大まかにいうと、そうですね。このとき、後のY2のタイミングで実際に損害賠償請求がなされた場合にも、Y1のポリシーで保険金が支払われるという理解でよいのでしょうか。

増永 そうですね。この場合、Y1の契約で払うことになります。

武井 ということはY1の期間内に損害賠償請求もあったと考えるということですね。

増永 その時点で「損害賠償請求」がなされたという整理をします。具体的には、役員が損害賠償請求がなされるおそれがあると思って保険会社に通知を行い、保険会社からもY1の期間中のある時点で「損害賠償請求がなされるおそれがあること」にコンセンサスを得られていれば、Y2の期間内に賠償請求がされても、Y1の契約で支払うことになります。約款例第24条(2)第2文でその旨を規定しています。

松本 損害賠償請求自体がY2であっても、Y1の段階でもう損害賠償請求に匹敵するリスクがあったから、こちらのY1の保険でカバーしましょうねというのが、この通知義務の話になりますね。

武井 通知義務がトリガーする場合というのは、だいたい損害賠償請求があったというのとほぼ同じになるということですね。

増永 そのように取り扱うために通知をしていただくことになっています。

落合 そうすると1度「損害賠償請求がなされるおそれのある状況」が発生して、きちんと通知していたとすれば、あと第三者からの損害賠償請求はY1で起こってもY3で起こっても構わないということでしょうか。

松本 そうなりますね。

(4) 株主代表訴訟と損害賠償請求のおそれ

武井 事故のおそれの蓋然性というのはどこまでの程度でみるのですか。損害賠償請求の内容証明でもいいのでしょうか。

増永 役員に内容証明が送られてくれば、損害賠償請求ありとなります。

後藤 ただ、役員責任を追及する場合は、最初から訴訟になることが多いのではないでしょうか。

増永 いきなり訴訟が多いと思います。

矢嶋 たしかに、役員責任追及の事案で、提訴前に個別の役員に宛てて内容証明での請求は来ないですよね。通常そこは端的に提訴と考えてよいと思います。

武井 代表訴訟の文脈でいうと、どの段階から損害賠償請求の蓋然性ありと評価できるのでしょうか。

松本 文献などを見ると、監査役に提訴請求が来たというのは蓋然性が認められる一例ではあるものの、そこまででなくてもよいと書かれています。

武井 監査役に提訴請求が来ていれば、それは損害賠償請求されていると評価できるのでしょうか。代表訴訟の場合は、原因行為から実際に提訴請求等がされるまで時間が経ってしまうことが多いですね。

松本 数年とか経過している可能性もあると思います。また自分では善管注意義務違反があったとは認識していないことも多いと思います。

武井 逆に、まだ株主とかから提訴請求も来ていないのに、会社から保険会社に蓋然性が高いと言って通知すべき場合というのは果たしてどういう場合なのでしょうか。

増永 約款例第24条(2)では、「請求がなされることが合理的に予想される状況」とありますので、何か外部から損害賠償請求につながるアクションがあるとうかがわせる要素は必要だと思います。自分が何かやってしまったという思いにとどまらず、外形的に何か社外の人が動いているなり、自分に対してなんらかの請求がなされると思う裏付けがないと、損害賠償請求の蓋然

性が高いとは認められません。

松本 想定事例でいうと、大規模なリコールだったら、損害賠償請求の蓋然性が認められるということができると思うのですが、その段階ではまだ株主とかから何も言われていないことが多いのだと思うのです。このときは、リコールが発表される段階で保険会社に通知しなければいけないということでしょうか。

増永 リコールで損害賠償請求の蓋然性が認められるかは、その内容や対応にもよると思われます。メーカーがリコールを実施したら常に役員への損害賠償請求がなされるわけではありませんよね。

武井 ということは、リコールだけでは、損害賠償請求の蓋然性は高まっていないということですね。

増永 リコール隠しが新聞報道され、それによって会社の損害が増大したとか、なんらかの役員に損害賠償責任が発生することをうかがわせるような事情が出てくると損害賠償請求の蓋然性が問題となります。

武井 ちなみに、保険会社がリコールなどについて新聞で報じられたところを読んでも、通知がなされたことにはならないですよね。

山越 ならないです。

増永 会社や役員から通知をいただかないと、通知義務が果たされたことになりません。

(5) 何をもって「おそれのある通知」があったと認定するのか

武井 会社は、薬害訴訟が起きそうになった時点で通知していればY1のポリシーで払われて、通知せずに実際に株主とかから提訴があると提訴があった時点のY2のポリシーで払われるわけですね。

山越 そうなりますね。

武井 そうすると、会社がどこまでの蓋然性を感じたかで、保険料が、Y1ポリシーで払われるかY2ポリシーで払われるかが変わることになりますね。

松本 事故のおそれが通知すべき程度になっていなかったとしたら、Y1

第3章　免責条項／告知義務／通知義務に関する実務上の諸論点

で通知してもおそらくそれは通知にならなくて、後の Y2 に回るのですよね。会社がした通知を、保険会社が「おそれのある通知」として受け取ってくれるかどうかという問題があるのかと思うのですがどうでしょうか。

武井　保険会社側から通知受領を出したりするのですか。あるいは逆に「まだ蓋然性ありませんよ」と言ったりすることもあるのでしょうか。

増永　通知の認定・判断について、そういう場合もあると思います。

松本　それは通知された内容が、あまりに抽象的だと通知としては受けられないということでしょうか。

矢嶋　そうですね。その場合、保険会社は「おそれのある通知」としては受けないでしょうね。

山越　慎重な保険契約者だと、通知漏れを防ぐため、株主とかからのクレームだけではなくて、PL 事故やリコールやあるいは取引先から訴えられたような事例に関する膨大なリストを保険会社に提出することもあるようです。

矢嶋　実務上、通知の有無で揉めることがあるので、次の期のポリシーを保険会社と交渉するときに、現在のポリシーの下でおそれのある通知として扱うかどうかについて状況の整理をすることもあります。

武井　Y1 の契約のときに保険契約者が行った通知が「おそれのある通知」といえるかどうかを Y2 の契約更新時に整理するわけですね。

矢嶋　通知の有無について見解の相違があったら、やはり合理的に、クレームが予測できるかどうかを判断基準にすることになります。

武井　合理的に予測できるというのは、Y2 あるいは Y3 だったら結果論をいくらでも言えるが、Y1 のときにどうだったかが一番に問題になるのではないでしょうか。

矢嶋　そうなります。リコールなどの事例では、不正で偽装したとかいうような事情の有無も考慮されます。

武井　そういう意味では、悪性が強ければクレームが予測できるというのは理解できるところです。

松本　逆に、悪性が強くない場合は、損害賠償請求の蓋然性が認められる

に至っていないということになるということなのですか。

武井 Y1の時点では、損害賠償請求のおそれに至っていなかったという判断が合理的だったということではないでしょうか。

⑹ **第三者委員会が設置される場合は「おそれのある」場合に該当するか**
後藤 「おそれのある」場合というのは、何か怪しいという報道があったレベルなのでしょうか。それを会社が一応受け止めて第三者委員会を設置してから「おそれのある」状況だったとなるのでしょうか。

増永 第三者委員会の設置段階で「おそれのある」とされる可能性は低いと思います。ちなみに、第三者委員会の設置費用については会社費用の1項目として特約で補償することが可能ですが、損害賠償請求のおそれとは無関係の場合が多いことを踏まえて、保険期間中に第三者委員会を設置した場合に費用を支払うと規定しています。「おそれのある」の保険契約上の取扱いに関しては、保険期間が1年間ですので、「おそれのある」状況がその1年間に入るかどうかによって差異が生じます。会社や役員の立場からすると保険期間中の1か月、2か月を争う必要はあまりないと思われますが、更新のタイミングまでにその懸案の案件について、おそれがあるかないかを明確に整理する必要があると思います。ご指摘の第三者委員会が立ち上がった件なども、更新のタイミングでは、どちらかの保険契約に整理されると思います。特に、契約条件を変える場合には、どちらの契約で支払うのかを明確にします。

武井 保険会社側としては、Y1、Y2の場合だと、後ろのY2の保険でその事故を持つことにして、Y2の保険の保険料を上げたほうがよいということはないですか。

増永 Y1、Y2のどちらの契約の対象なのかを恣意的に判別することはできませんね。どちらにしろ、高額の賠償請求が想定されるような事象があれば、保険料や契約条件の見直しを検討します。

第3章　免責条項／告知義務／通知義務に関する実務上の諸論点

(7) マイナーな法令違反への対応の場合
　後藤　現実にありそうなのは、マイナーな法令違反で訴えてくる人はいないだろうと思っていたら、社会運動家の方が株式を買って訴えてきたという場合でしょうか。
　増永　そういった場合、マイナーな法令違反をした段階で「おそれがある」かどうかの判断は難しいですね。保険会社が、おそれはないと言うと、会社側からは、Y1の契約で持ってくれないのかというやり取りが生じるかもしれません。
　矢嶋　そうですね。保険会社としても、合理的な範囲内の解釈であったら、更新する場合には、Y1のポリシーで持ちますとかそういった交渉はありうるかもしれないですね。

(8) Y1で支払限度額を使い切ってしまった場合には買増し
　武井　この「損害賠償請求がなされるおそれのある状況」という要件の解釈や、Y1ポリシーで払うとかY2ポリシーで払うとかで実際に揉めることはあるのでしょうか。
　増永　Y1の契約とY2の契約の補償内容が同一であれば、あまり揉めません。
　武井　Y1ポリシーからY2ポリシーで契約内容がいろいろ変わることもありますよね。
　増永　企業の側から契約更新に際して補償内容変更の申出をいただく場合、その段階で通知について整理されることがあります。たとえば、何らかの不祥事に関する報道があって、その事象については今後多額の賠償請求につながるだろうと思われるような場合には、保険会社はその不祥事については支払限度額を絞りたい、一方で企業はその事象を含めて支払限度額を引き上げておきたいというケースです。そういう場合には、その不祥事はどの契約の対象かということで、現時点で通知して下さいということか、通知の段階ではないですねということか、契約更新のタイミングで整理されることはありえます。

武井 たとえばY1、Y2で契約内容が変わっていなくても、他の子会社とかの案件でY1の限度額の枠を使ってしまっていたとします。契約内容は同じでもY1は枠が余っていない、Y2は枠が余っているという場合ですね。Y1、Y2ポリシーの適用を意図的に変えたいという企業側の行動は起こらないのでしょうか。

増永 Y1の途中で支払限度額の枠不足に気付いたとすると、Y2でカバーしたいというのではなく、Y1の期間中にY1の契約の支払限度額を買い増ししたいという話になると思います。あまり生じるケースではありませんが、たとえばY1の契約の保険期間が始まって1か月で大きな損害賠償請求があり、支払限度額を1回の保険事故で費消してしまうと、残りの期間の11か月の補償がなくなってしまいます。そうすると、その時点で、保険契約者である企業から、買増しをしたいという話が出てくると思います。

武井 買増しで対応するわけですね。

(9) **先行行為不担保特約／保険会社を変更することに伴うリスク**

武井 企業側はおそれがあったと言ったけれども、保険会社側と認識の違いがあった場合にはどうしているのでしょうか。おそれがあるを英語でいうと、likely to beとなるのでしょうが、この意味について深淵な議論が起きていてしかるべきだと思うのですが。

山越 アメリカでは、その解釈をめぐって揉めることがありますね。

矢嶋 そうですね。ただ、日本ではあまりその点について、議論は起きていないですし、分析も十分にされていません。

山越 一番重要なことは、保険契約を継続するときに、保険会社と保険契約者で対話しておくということですよね。

武井 現実問題として、おそれがあるかどうかを決めることはできるのでしょうか。

後藤 会社が、X1社に相談したのだけれども、おそれがあるとは言えないと言われたので、X2社に移行するとします。そのときに、会社としては、X2社に対して、通知をした内容を「おそれがある通知」とすることをX1

社から拒否されたと話して、おそれはまだないはずですと言って、X2社が、おそれがないことがわかりました、その保険契約を受けますと言ったら、それで解決するのではないでしょうか。

松本 X2社に保険契約を切り替える段階で、おそれはないですねという合意ができていればいいということですね。

武井 その場合でも、X2社としては会社から聞いている情報をベースにしかおそれがあるかないか判断できないときに、会社から聞いている情報に結果的に隠れた部分がありましたということになったらどうなるのでしょうか。実際クレームに至って事後的に話が違うみたいになる、「おそれ」がないと思っていたが、実際クレームが来ることになってしまったという場合ですね。

山越 そうなったらX2社が潔く払わなきゃだめですよね。

後藤 そうしないと、その会社に次から乗り換える人がいなくなりますよね。

増永 もし、後日会社ぐるみの情報隠蔽が判明しその事実も踏まえると、X2の契約時点で「おそれがある状況を知っていた」と保険会社に申告すべきであった、会社はその状況を知っていたが保険会社には「おそれがある状況にはない」と虚偽の申告をした、というような場合には、約款例第6条③に該当して免責になってしまいます。そのような免責になるケースを除けば、会社がX2社に状況を正確に伝えた上で、おそれがないという認識を共有して引き受けたのであれば、X2社が支払わないということはありません。また、直近に高額賠償請求が予想されるような事象がすでに発生していてX1社がどう評価かするわからないが、X2社としては引き受けたくない場合、X2社は、その件を補償対象外とすることを条件に引き受ける場合があります。通知のおそれの有無を後日争うのではなく、こういう事象は補償対象外ですとあらかじめ明確にして引き受けることになります。

矢嶋 実務上は先行行為不担保を入れますよね。具体的にこの案件は保険を引き受けないとか。

増永 ○○に関係する訴訟は対象外と規定する、などのケースがあります。

武井 そういうおそれがあるかないかわからない微妙な事象であったら、そもそも保険会社は変えないほうがよいということですね。保険契約を継続すると保険料は上がってしまうが、保険会社を変えてしまうとゼロ補償の可能性があることになりますので。

松本 補償の狭間に落ちてしまう可能性があるということですね。

矢嶋 いずれにしても、保険契約者と保険会社間とで十分なコミュニケーションをとるべき事案なのですよね。そうしていればたいていの紛争は避けられますから。

山越 そうですね。

後藤 アメリカではなぜこんなに訴訟になるのでしょうか。日本ではほぼないですよね。

矢嶋 やはり日本ではD&O保険自体がまだそれほど使われていなかったからだと思います。今こそ違いますが、昔はそもそも株主代表訴訟自体少なかったですし。

⑽　時　　効

武井 Y1で遅滞なく通知していて、クレームがY2で来たらどうなるのでしょうか。

矢嶋 Y1のところでクレームがあったとみなされて、Y1のポリシーで支払うことになります。

武井 クレームがY4で来ても問題ないでしょうか。

山越 それは時効がいつまでかによります。

増永 時効については、消滅時効3年の規定が〔図表3-8〕約款例第30条にあります。ただ、時効の起算点は、保険金請求できる時期、つまり賠償責任の有無・賠償金額の確定時や争訟費用の確定時と規定しており、保険会社への通知時点や賠償請求を受けた時点で時効がスタートすることはありませんので、保険金請求権の時効が問題になるケースは少ないと思います。

松本 保険金を支払う段階から3年なので、時効は通常進まないのですね。

〔図表3-8〕時効に関する条項（約款例）

第30条　（時効）
　保険金請求権は、第28条（保険金の請求）(2)に定める時の翌日から起算して3年を経過した場合は、時効によって消滅します。
第28条　（保険金の請求）
　(2)　被保険者の保険金請求権は、次に定める時から、これを行使できるものとします。
　　①　第2条①の損害に対するものは、判決、調停もしくは裁判上の和解または被保険者と被害者の間の書面による合意のいずれかによって被保険者の損害賠償責任の有無および第1条の損害の額が確定した時
　　②　同条②の費用に対するものは、第1条の損害の額が確定した時

　矢嶋　保険金は、被保険者に対してクレームがあったらただちに支払うわけではなく、賠償金額が確定したときに支払うことになります。被保険者がクレームに対して争い裁判となる場合には、判決が確定するか、和解により金額が確定するまで賠償金額は最終的に確定しません。したがって、クレームを受けてから実際に保険金を支払う義務が生じるまでかなりの時間がかかります。

6　延長報告制度との関係

(1)　延長報告期間

　武井　通知の延長報告期間という建付けはこの設問だとどこの問題なのでしょうか。
　松本　延長報告期間は保険がなくなったときだけつけられるものになりますね。
　増永　延長報告期間とは、その期間中になされた損害賠償請求について、直前の保険期間中になされたとみなす制度です。設問Q3のように保険契約が継続されない場合に、保険期間が延長されたとみなす効果があります。
　山越　そうですね。

武井 〔図表3-7〕の設問パターンでいうと、被保険者にとってY3の期間はX1社の保険がなくなっているのですが、X1社の保険について延長請求というのはありうるのですか。

すなわち、次の期間には他社であるX2社の保険に加入しているという場合、X1社からY3の期間に延長報告期間の特典を提供することはあるのでしょうか。

山越 補償がX2社ですでに提供されているのであれば、X1社ではわざわざ補償を別途提供することはしません。

松本 延長報告期間は特約なので、他の会社の保険に入るのであれば、保険契約者の会社がわざわざX1社にそのような特約を付けるよう求めないのではないでしょうか。

武井 でもX1社としてはX2社で補償が提供されているかわからない状況で、損害賠償請求方式の考え方でいくと会社から保険会社に連絡するのが「通知」と言えるのかが曖昧だとすると、ニーズがあるのではないですか。たとえば会社としては通知していたつもりだったのに、保険会社から通知とは扱いませんと言われてしまうと、Y2ポリシーで持ってもらえなくなるとかいう問題が起こりそうですよね。その場合、延長報告期間のニーズがありそうに思われます。

山越 基本的に契約が継続されなかったときや、解約されたときに延長報告期間というものが提供されているので、今言ったような場合は延長報告期間でカバーされるものではないですね。

(2) 損害賠償請求のタイミングと「遅滞なく」通知の意義

武井 〔図表3-7〕の設問Q2(1)の場合のように、Y1ですべき通知が遅れたけれどもY1で保険金が支払われるときは、〔図表3-4〕の約款例第24条(1)(2)の「遅滞なく」の判断になるのですよね。つまり、2014年7月1日を過ぎていても、Y1のポリシーからみて、状況次第で「遅滞なく」Y1ポリシーについての通知がされたと判断されうるということですね。

増永 そうですね。約款例第24条(4)に通知が遅れた場合の取扱いが規定

されており、「当社が被った損害の額を差し引いて保険金を支払います」とありますので、このケースについては、Y1契約で支払う、ただし通知遅延のペナルティとして保険金が削減されることがあります、ということです。

武井 Y2で払うというとき、損害賠償請求の認定とはどういう関係になるのでしょうか。遅滞なくの通知も2014年8月1日にやっているとして、その通知とその後の実際の損害賠償請求とはどういう関係になるのでしょうか。

増永 1回おそれのある通知をしたという事実があると、その時点で保険金支払対象となる保険契約が確定します。実際の損害賠償請求はY2の期間中になされたとしても、Y1の契約で支払います。

武井 Y2のときに、第三者から提訴されてはじめて損害賠償請求がありましたという場合、それをY1のポリシーにおける「遅滞なく」のタイミングで通知したとしても、Y2で損害賠償請求の通知がなされた以上Y2のポリシーで払うのでしょうか。Y1のポリシーで遅滞なくの通知がなされたのであれば、Y1のポリシーで払うのですよね。

松本 Y2のときに損害賠償請求があったことについて通知するのだったら、あくまで損害賠償請求があったのはY2だからですよね。でも、Y1における「遅滞なく」の通知をするという場合は、Y1で発生した損害賠償請求やそのおそれについて通知したのが遅れてY2のタイミングになったというだけだと思うので、場面が異なると思います。

武井 蓋然性が高いと、Y1の段階で「損害賠償請求」になるわけですよね。

矢嶋 厳密には損害賠償請求そのものではないです。損害賠償請求の蓋然性が高いという通知ですね。おそれのある通知をして、それに関しておそれが実現して、クレームが来たときに、おそれのある通知がされた時点に戻り、その時点でのポリシーが適用されるということです。

松本 タイミングだけ戻るということですね。

武井 事故のおそれとは、設問のリコールの事例でいうとたとえば何が該当するのでしょうか。

松本 たとえばリコール隠しをしていましたと大々的に報道されて、あの役員は責任を負うべきだとなったような場合でしょうか。

武井 それはなぜ事故のおそれであって損害賠償請求とは扱わないのですか。

松本 それは損害賠償請求をされていないからということだと思います。

山越 そうですね、損害賠償請求までは来ていないからですね。あくまで損害賠償請求が来たというのが保険事故になります。

松本 それが原則ですよね。

武井 報道があったら損害賠償請求とみなしてしまうのでしょうか。

松本 先ほどのような報道があって、損害賠償請求がなされたのと同じくらいリスクが高いといえる場合には、Y1で通知をしてY1の保険でカバーをしましょうねということで、タイミングをずらしているだけです。

増永 実際に損害賠償請求に至らないと、保険契約上の保険事故は発生していないのですが、提訴されなくても損害賠償請求が確実に来るよねという段階になると、その時点で「保険事故のおそれ」がある状態になります。

矢嶋 それでY1でそのおそれの通知があって、Y2になった後から損害賠償請求が来たときは、その損害賠償請求はおそれのある通知がされたY1のときに損害賠償請求があったものとみなすということです。

増永 請求事故ベースが原則で、おそれのある場合を請求と同等とみなすということですね。

後藤 原因行為があったのがY1のポリシーのときであっても、通知した期間がY2だったら、それはY2のポリシーで保険金を支払うことになります。あくまで請求事故方式であって、原因行為を保険事故としているわけではないので、通知の時期が少し早かったとしても、それがY2に対するものだったら、あくまでそこまでしか遡らない。原因行為の時点に揃えるという発想ではないので、そうなりますね。

武井 単純に会社から保険会社にY2のタイミングで通知をしたときに、こういうときにはY1に行きます、こういうときにはY2に行きますという線引きは、約款例第24条(1)の「遅滞なく」の判断ということでしょうか。

第3章 免責条項／告知義務／通知義務に関する実務上の諸論点

矢嶋 実際に「遅滞なく」の通知が問題になるのは、そこで通知してももう保険は切れているという場面が多いのではないでしょうか。たとえばY4でX2社に通知するような場合です。これに対し、X1社によりY1に続いてY2も保護されているなら、Y1での通知にこだわらず、Y2での通知だってよいわけです。切れてしまっているときが問題になるのです。ただ、次の保険が切れていないときであっても、まったく同じポリシーを適用するときはあまり問題にはならないのでしょうが、Y1とY2とで実際に保護している内容が違うときには、どのポリシーを使ってやるのかということは問題なので、適用されるポリシーをはっきりさせなくてはいけないように思われます。

後藤 基本的には通知が来た日がY1の期間に入っているかY2の期間に入っているかで決まりますね。

武井 それが原則ですね。そこで、Y2の期間に通知しているのに、Y1に入るのはY1の「遅滞なく」の通知と認められた場合ですね。

7　保険会社の変更に伴う実務上の留意点

(1) 保険会社を変えることのリスク・デメリット

武井 今まで整理した〔図表3-7〕の話とかからもうかがわれる論点ですが、山越さんは保険会社を簡単に変えると盲点があるとおっしゃっていましたよね。

山越 そうですね。

増永 保険会社を切り替えるときには、このおそれがある事象は切替前の契約だよね、あの事象は切替後の契約だよねというのは、きちんと整理しておく必要があると思います。

武井 そうですよね。X1社、X2社で調整するのですか。その調整はどうやってするのでしょうか。

増永 保険会社間ではそういう調整はしていませんので、保険契約者であ

る会社が両方個別に調整することになります。

　武井　それは、保険会社を変えてしまっているとどこからも払ってもらえないこともあるということになりませんか。

　後藤　設問のQ1(2)のような場合ではないでしょうか。たとえば、通知は怠っていなくても、どこからも払ってもらえないことがありえるということではないですかね。まだ損害賠償請求のおそれが高くないと思って何もしないでいたら、保険契約が切れてからいきなり請求が来たというような場合が考えられると思います。

　山越　そうですね、〔図表3-7〕のY2からY3にまたがるケースでは、どこの保険会社のカバーも受けられないことがあると思います。

(2) 先行行為担保特約条項

　松本　さらにおそれがある場合だけではなくて、〔図表3-3〕の約款例第6条①では、「初年度契約の保険期間の初日より前に行われた行為またはその行為に関連する他の行為に起因する一連の損害賠償請求」というのも除かれているのです。だから、原因行為がY1にあったら、それも除かれることになると思われます。

　増永　約款例第6条①で規定しているのは、自分の会社に切り替えてもらって以降、つまり初年度契約の初日以降の行為は補償するということです。ただし、普通保険約款に限って読むとこのように解釈されるのですが、実務上は、このような事態を避けるために、〔図表3-3〕の約款例のような先行行為担保特約を全件付帯にすることが一般的です。

　武井　先行行為担保特約をつけるのですね。ちなみに告知義務違反に関する規定は入っているのが一般的ですか。

　増永　一般的に、告知義務違反に類するものとして、おそれのある状況に関する免責規定がありますね。〔図表3-3〕の約款例第6条③でおそれがある状況を知っていた場合は支払わないという免責規定を入れています。なお、先行行為不担保の条項である約款例第6条①の規定を、全件付帯の先行行為不担保特約条項で読み替えていて、先行行為を契約初日より10年前以

第3章 免責条項／告知義務／通知義務に関する実務上の諸論点

前の行為に限定しています。そのため、実務上、先行行為不担保として免責になることは皆無です。

武井 なるほど、そうなのですね。

増永 この〔図表3-3〕の約款例第6条①の原因となる行為が保険契約の直前だから補償しないよというのはなかなか厳しい規定で、企業にとって他の保険会社に保険契約を切り替えることが難しいという問題もあり、〔図表3-3〕の約款例のような先行行為担保特約条項を全件付帯しているのです。具体的には、先行行為担保特約条項の「保険証券記載の遡及日」とあるのを10年前の日に設定し、先行行為不担保に関する条項の基準日を10年前の日に原則全部読み替えています。

武井 ちなみに保険会社をX2社に変えたら、この先行行為担保特約はどうなるのですか。

増永 X2社と締結するY3契約の初日の10年前より後の行為であれば補償されます。

松本 クレームがこの期間内で起こればX2社のポリシーでカバーできるということですね。

増永 そうです。

武井 ただ、この場合でも、告知義務違反は免責できるのですよね。

増永 おそれの通知はきちんとしておいてもらわないと困るので、告知義務違反や約款例第6条③の免責条項の話は別に残ります。

武井 事象は知っているが、おそれがあるかは評価の問題ですよね。会社としてはおそれがあろうとなかろうと通知しておいたほうがよいということですね。

(3) **2社の保険に個別に加入した場合**

武井 ちなみにA社とB社といった形で、同時に2つの保険会社にバラバラに入ったときは、どう調整するのですか。

増永 A社とB社の間で直接調整することはないですね。

武井 会社としては二重に補償を受けることができてしまうときもあるの

でしょうか。

増永　2社の保険会社を使う場合であっても、補償の内容が二重になっている場合はあまりないと思います。たとえば、想定しているのは、D&O保険が2本ということでしょうか。

武井　D&O保険を2本契約しているという会社はないのですか。

山越　ありますよ。その場合でも、重複保険でどちらが先に払うかという条項があったりとかして調整していますね。

武井　そこはきちんと調整済みなのですね。

矢嶋　それは保険対象や保険金の支払できちんと分けているか、共同で補償しているかどちらかですよね。

増永　そうですね。いずれにしろ、20億円の保険金の事故なのに、20億円と20億円の合計40億円もらえるということはないです。

武井　保険金の支払の重複がないようにA社とB社で調整がついているのですか。

増永　調整がついているというか、片方の保険金が支払われると損害が補填されてしまうので、もう片方が保険金を支払う義務がなくなりますね。

武井　それは企業側が言わないとわからないことはないですか。

増永　企業側の申告がないとわからないので、保険金の支払をするときに重複の保険はありませんかと聞きますし、保険契約者の会社側も言わなければいけないことを規定しています。他の保険契約の有無については、保険契約にお入りいただくときにも聞きますし、お支払するときにも聞くという対応をとっています。

落合　たとえば損害賠償請求の立て方によって、カバーする保険が異なるということになると、損害賠償請求の法的構成が大事になりますが、同じ責任発生原因事実につき複数の法的構成が可能な場合はどうなりますか。

増永　もし他の保険と重複してカバーしているのであればそれは保険金支払時に確認しますので、言っていただいてどちらの保険契約を使うのか確認する対応をしています。

武井　たとえば不法行為だったら10の損害賠償請求だったはずが、金融

商品取引法で構成すると100の損害賠償請求に化けていますと。根っこの事実は同じですが、そのときはいずれも保険上の取扱いとしては同じ事象なのですか。適用法令によって金額がバーンと違う、もしアメリカなら懲罰的賠償が乗っかってしまったといった場合、それはまた違う事象とも評価できるのかなとも思ったのですが、そんなことはないですか。

増永 たとえば、片方の契約だけは免責という場合はあるかもしれません。懲罰的賠償は免責と規定する契約とそうではない契約がある場合などです。

武井 そうすると、複数の保険がある場合に、懲罰的賠償が免責ではないほうの保険から保険金をもらうというのは、二重取りではないのでよいのですよね。

増永 はい。

武井 そこはきちんと規律づけられているということですね。

後藤 それは重複保険[11]として処理しているのですか。

増永 はい。お客さんが二重取りすることはないようにしています。

武井 たとえば、国境をまたいだ場合でも重複保険として処理できるのですか。他の海外の保険会社との関係で問題になった場合など。

増永 海外の保険会社との関係でも事情は同じですね。海外の保険会社との重複保険は申告しなくてもよいということにはなっていませんので。

山越 海外の子会社で重複する保険に入っていたが把握していなかったというようなケースなどはいくらでもあるので、実際、申告漏れは結構あるのではないかと思います。

増永 仮に保険加入時には申告がなくても、保険金を支払うときには、重複しないように、きちんと重複する保険契約の有無および内容を確認し、重複保険があれば支払額を調整する規定が置かれています。

---

[11] ある保険の目的について被保険者、被保険利益、保険事故が同一で、かつ保険期間を共通にする複数の損害保険契約が併存する場合の保険をいう。

8　D&O保険とその他の保険との関係

落合　前の第1章2(7)のところでも少し議論しましたが、D&O保険でカバーされない役員の責任というものは、これは一般賠償責任保険でカバーするほかないわけですか。

山越　約款にもよるのですが、第三者に対する損害賠償責任については、専門業務賠償責任保険で補償をするべきだというのが引受けの基準としてアメリカではあるようです。

落合　たとえば民法709条の責任については、D&O保険とは異なる一般賠償責任保険でカバーして下さいということになるのでしょうか。

増永　身体障害や財物損壊といったいわゆる「対人・対物事故」は一般賠償責任保険で補償するという整理は明確にしています。

落合　だからこそ役員が本当に安心して行動しようと思えば、D&O保険に加えて、そういう一般賠償責任保険等も視野に入れて付保すべきだということになりますね。D&O保険だけが議論されていると、ちょっとその辺のリスクが見えなくなってしまいますね。

矢嶋　たとえば、役員がある行為をしていて、相手方企業に損害を負わせましたというような場合には、企業相手の対人対物の第三者賠償責任保険の対象に入るのでしょうか。

武井　たしかに保険の全体の鳥瞰図を踏まえてD&O保険の機能を整理したほうがよいですね。いろいろな保険の種類があって、その中のD&O保険はここの部分の守備範囲ですという説明ですね。

松本　D&O保険においても、執行役員まで被保険者としてカバーしていたり、逆に保険商品同士で補償の対象から除外したりして棲み分けしていますよね。このあたりはこちらの保険商品でカバーしますよ、みたいな保険商品の相互の関係がわかると、リスク管理の観点からよいかなという気はしているのですが。

落合　だから、一般にあると思われる誤解はD&O保険に入っていれば何

でもカバーされるのではないかと思っている役員が多いのではないでしょうか。そんな甘いものではないということになります。

山越 たしかにPL保険あり、リコール保険あり、雇用慣行賠償責任保険あり、専門業務賠償責任保険ありといろいろな種類の保険があります。

増永 保険会社ではリスクに応じた棲み分けを想定しています。多少の重複はあるにしても、メインのリスクは保険種類ごとに区分けして引き受けるのが通例です。

武井 でもそれはかなり大変な棲み分けですよね、厳密にやるのは可能でしょうか。

増永 どこまで厳密に棲み分けるのかという課題はありますね。たしかに保険の補償が抜けている部分もあると思いますが、そもそも抜けている部分はお客様のニーズが乏しいということもありますから。

〔2016年3月実施〕

資 料 編

資料1　経済産業省コーポレート・ガバナンス・システムの在り方に関する研究会「コーポレート・ガバナンスの実践」・別紙2「会社役員賠償責任保険（D&O保険）の実務上の検討ポイント」(注)

資料2　経済産業省コーポレート・ガバナンス・システムの在り方に関する研究会「コーポレート・ガバナンスの実践」・別紙3「法的論点に関する解釈指針」（抜粋）

資料3　国税庁個人課税課・法人課税課「新たな会社役員賠償責任保険の保険料の税務上の取扱いについて（情報）」

資料4　国税庁長官「会社役員賠償責任保険の保険料の税務上の取扱いについて」

資料5　武井一浩＝松本絢子「新しいD&O保険への実務対応——保険料全額会社負担の解禁を受けて」（初出：旬刊商事法務2100号・2101号（2016）掲載）

（注）　原本はカラー資料であるが、書籍出版の都合上白黒にて掲載している。

〔資料１〕

会社役員賠償責任保険（D&O 保険）の実務上の検討ポイント

第１　会社役員賠償責任保険（D&O 保険）の概要
- ○　会社役員賠償責任保険（以下、「D&O 保険」）とは、保険契約者である会社と保険者である保険会社の契約により、被保険者とされている役員等の行為に起因して、保険期間中に被保険者に対して損害賠償請求がなされたことにより、被保険者が被る損害を填補する保険をいう。
- ○　D&O 保険は、基本的には保険契約者と保険者の契約により自由に内容を定めることができる。このため、D&O 保険の具体的な内容は各社が締結している D&O 保険契約ごとに異なり、実務上も様々な特約等により補償が拡大されているが、D&O 保険の検討に際して、実務上確認することが有益と思われる以下の点を、実務上の検討ポイントとして整理した。

```
＜実務上の検討ポイント＞
　1　填補限度額の追加
　2　告知と免責事由の分離
　3　争訟費用の前払い規定
　4　会社が損害賠償請求した場合の補償
　5　保険契約終了後の補償の継続
　6　退任役員の補償
　7　組織再編に伴う補償の継続
```

- ○　実務上の検討ポイントを理解する上で、現在の我が国の D&O 保険の基本的な設計等を理解しておくことが有用である。

資料編

<現在の我が国 D&O 保険の基本的な設計(イメージ)>

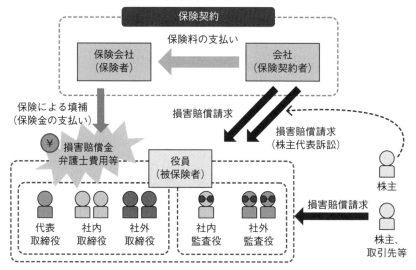

<一般的な補償の範囲の概要>

請求の形態		損害賠償請求権者	支払われる保険金	
			責任なし	責任あり
会社の役員に対する損害賠償請求	会社による請求※免責事由の場合には補償されず(検討ポイント4「会社が損害賠償請求した場合の補償」)。	会社	(争訟費用)	(損害賠償金)(争訟費用)
	株主代表訴訟	会社(訴訟の原告は株主)	争訟費用	損害賠償金争訟費用
上記以外の請求		取引先、株主等	争訟費用	損害賠償金争訟費用

<基本的な用語の意味と関連する留意点等>

用語	意味	留意点等
保険者	▶保険金の支払義務を負う者。	▶保険会社がこれにあたる。
保険契約者	▶**保険料**の支払義務を負う者。	▶会社がこれにあたる。
被保険者	▶**保険により填補される損害**を受ける者。	▶契約により異なるが、取締役、監査役、執行役は通常これにあたる。 ▶退任した者も被保険者には含まれるが、保険契約が終了した場合（保険期間外の損害賠償請求の場合）は、補償されない（**検討ポイント6**「**退任役員の補償**」）。 ▶子会社の役員等も、親会社が締結している保険契約の被保険者に含めることができる（子会社となった会社の役員等も自動的に被保険者に含まれる契約もある）。ただし、当該親会社の子会社であった期間中の行為に起因する損害に限り補償するのが通常（**検討ポイント7**「**組織再編に伴う補償の継続**」）。 ▶会社補償（会社が役員等が被った損害を補償すること）が認められる場合には、会社を被保険者として、会社補償により会社が役員に補償した額を、保険により補償することがある。
保険期間	▶保険契約の期間。	▶通常1年間で、1年毎に更新する（**検討ポイント5**「**保険契約終了後の補償の継続**」）。
損害	▶法律上の損害賠償金 ▶争訟費用（訴訟費用、和解・調停費用、弁護士に支払う着手金・報酬金、これらに付随する調査費用等）	▶争訟費用については、判決や和解等により手続が終了して確定した場合に支払うのを原則とする場合が多い（**検討ポイント3**「**争訟費用の前払規定**」）。 ▶当局による調査等の対応に必要となる費用を明示的に損害の範囲に含める場合もある。
保険により填補される損害	▶**被保険者**の行為に起因して**保険期間中**に**被保険者**に対して損害賠償請求がなされたことにより、**被保険者**が被る損害	▶（原因となった行為が保険期間中であっても、）保険期間中に損害賠償請求がなされないと、填補されない（「請求事故方式」）。

填補限度額	▶保険期間中の損害について支払う保険金の上限額	▶填補限度額は被保険者で共通（検討ポイント1「填補限度額の追加」）。
免責事由	▶保険契約上、保険が填補しないこととしている事由	▶**保険契約者**である会社による損害賠償請求は、免責とされていることがある（検討ポイント4「会社が損害賠償請求した場合の補償」）。 ▶一部の**被保険者**が免責事由に該当した場合、他の**被保険者**も免責となる場合がある（検討ポイント2「告知と免責事由の分離」）。 ▶保険契約者が他の会社の子会社となった場合等には、その時点以降の行為に起因する損害賠償請求は補償しない場合がある（検討ポイント7「組織再編に伴う補償の継続」）。
告知義務	▶保険契約締結の際に、一定の事項については、**保険契約者**及び**被保険者**が保険者に対して告知しなければならない。	▶告知した者の一部に告知義務違反があった場合でも、（告知義務違反のない者の分も含めて）保険契約全体を解除することができる（検討ポイント2「告知と免責事由の分離」）。
保険料	▶**保険契約者**である会社が保険者である保険会社に対して支払う。	▶現在の実務では、株主代表訴訟や会社による提訴で、**被保険者**が損害賠償責任を負担する場合を填補する保険にかかる**保険料**については、**被保険者**が経済的に負担している[1]。

第2　実務上の検討ポイント

1．填補限度額の追加

(1) 検討ポイント

○　填補限度額が被保険者全員で共通であることから、ある被保険者に対して保険による填補が行われた場合、他の被保険者が十分な保険による填補が受けられなくなる可能性がある。

(2) 考えられる対応

○　社外取締役等の一部の被保険者について、他の被保険者とは別建てで、共

---

[1] 被保険者が負担する必要がない点については、別紙3「法的論点に関する解釈指針」の第3の4．「会社役員賠償責任保険（D&O保険）の保険料負担」を参照。

通の填補限度額を超過した場合には個別の填補限度額を追加する旨を定める。

2．告知と免責事由の分離
 (1) 検討ポイント
  ○ 保険契約時の告知に関して、ある被保険者の告知義務違反により保険契約が解除され、告知義務違反のあった被保険者のみならず他の被保険者も保険による保護を受けられなくなる可能性がある。
  ○ 免責事由においても、ある被保険者との関係でも免責とされている場合、他の被保険者との関係でも免責となり保険による保護が受けられない可能性がある。

 (2) 考えられる対応
  ○ 告知や免責事由に関して、分離条項（ある被保険者の告知や免責事由該当性が他の被保険者に影響しない旨の条項）を定める。

3．争訟費用の前払規定
 (1) 検討ポイント
  ○ 紛争の解決等により争訟費用の金額が確定してからはじめて保険金を請求できる定めの場合、紛争継続中に争訟費用分の保険金を請求できず、十分な防御活動を行えなくなる可能性がある。

 (2) 考えられる対応
  ○ 争訟費用の金額の確定を待たずに、保険会社が争訟費用をその都度支払う旨を定める。

4．会社が損害賠償請求した場合の補償
 (1) 検討ポイント
  ○ 会社[2]が役員に対して損害賠償請求した場合は免責となっている場合があ

---

2 「親会社」や「大株主」（「親会社」と「大株主」の定義はそれぞれの契約で定められている。）が提訴した場合についても、免責事由とされている場合があり、会社が提訴した場合と同様のことがあてはまる。

る。(株主が提訴した株主代表訴訟であれば保険による填補の対象となり得るのに、)会社が自らの判断で損害賠償請求した場合[3]には、保険による填補が受けられなくなる可能性がある。

(2) 考えられる対応
○ (必要に応じて一定の場合に限定した上で、)会社が損害賠償請求をした場合を免責事由から除外しておく。

5．保険契約終了後の補償の継続
(1) 検討ポイント
○ 保険期間の終了に際して、既存の保険契約の更新や新たな保険契約が締結できず、保険による填補が得られなくなる可能性がある[4]。

(2) 考えられる対応
○ 保険契約を締結する時点で、会社と保険会社との間で、当該保険契約が継続されない日から起算して一定期間(延長報告期間)内の損害賠償請求は、保険の対象とすることができる旨を定める。

---

[3] 例えば、不祥事があった場合に、第三者委員会等で役員に対する損害賠償請求を検討した結果、会社が損害賠償請求する場合等が考えられる。
[4] 例えば、保険期間中に被保険者に対する損害賠償請求があった場合には、通常の場合に比して、翌年の保険契約について、既存契約の更新につき一定の検討や交渉が必要となる場合があり、他の保険会社との契約も検討が必要となる場合もあり得る。

<原因と損害賠償請求のタイミングと保険の範囲(イメージ)>

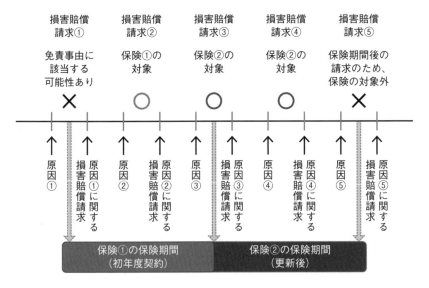

損害賠償請求①:損害賠償請求は保険期間内だが、初年度契約前の原因に基づく行為は免責事由に該当する可能性あり。
損害賠償請求②:保険①の対象
損害賠償請求③:保険②の対象(損害賠償請求されたのが保険②の保険期間中なので、保険②により補償)
損害賠償請求④:保険②の対象
損害賠償請求⑤:保険の対象外(**検討ポイント5「保険契約終了後の補償の継続」、6「退任役員の補償」**)

6.退任役員の補償
 (1) 検討ポイント
  ○ 退任した役員は、保険契約の継続について情報が得られず、知らない間に保険による保護が受けられなくなる可能性がある。

 (2) 考えられる対応
  ○ 退任した役員については、保険契約が継続されなかった場合、一定期間

は、退任後の損害賠償請求を保険の対象とする旨を定める。

7．組織再編に伴う補償の継続
(1) 検討ポイント
○ 自社の保険で補償している子会社を譲渡した場合には、譲渡前の行為に起因する損害賠償請求は、新たに親会社となる会社の保険契約では補償されない可能性がある（イメージ①参照）。
○ 自社が他社の子会社となった場合において、子会社となった時点より前の行為に起因する損害賠償請求は、新たに親会社となる会社の保険契約では補償されない可能性がある（イメージ②参照）。

(2) 考えられる対応
○ 子会社において別途の保険契約（ランノフ・カバー[5]）を締結する。
○ 新たな親会社の保険契約において、自社の子会社となる前の行為も補償の対象とする。

＜イメージ①[6]（子会社を譲渡した場合の子会社役員の補償）＞
・A 社が保険契約者となる保険により A 社の子会社である X 社を補償。
・A 社が B 社に X 社株式を譲渡し、B 社の子会社となる。
・A 社は、(X 社が A 社の子会社でなくなったため) X 社を保険の対象から除外。
・B 社の保険の対象に X 社を追加し X 社の役員等を補償。

---

[5] ランノフ・カバー（run-off cover）とは、新たに親会社となる会社（B 社）ではなく、既存の保険（X 社や A 社が保険契約者となっている保険）の補償の効果を残存させることを意味する。
[6] 保険期間中に子会社の譲渡や他社による子会社化が生じた場合、当該事由の発生時から次回の B 社の保険契約の保険期間開始までの補償も検討する必要があるが、イメージ①及び②においては、事例を単純化するためにこの点は省略してある。この点も踏まえた概要については、イメージ③参照。

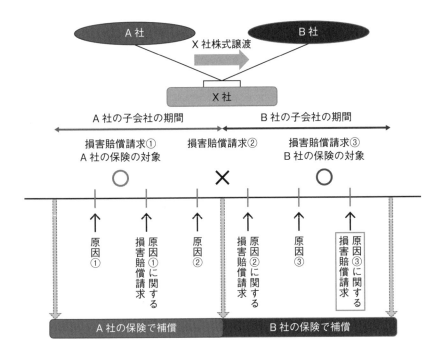

損害賠償請求①：A社の保険で補償。
損害賠償請求②：A社の保険は保険期間外のため補償の範囲外、B社の保険は免責事由（B社の子会社になる前の行為を原因とする行為の免責等）に該当するため、いずれの保険でも補償されない。
損害賠償請求③：B社の保険で補償。
⇒損害賠償請求②を補償する必要あり。

<イメージ②（他の会社の子会社となった場合の自社の役員の補償）>
・X社は自社が保険契約者。
・B社が公開買付け等によりX株式を取得し、X社はB社の子会社となる。
・B社の子会社となった後の原因に基づく損害賠償請求は免責事由に該当し、X社の保険では補償されないため、X社は自社の保険を解約[7]。
・B社の保険の被保険者の範囲にX社の役員等を追加し、X社を補償。

資料編

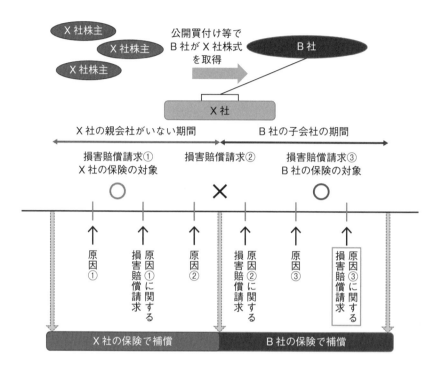

損害賠償請求①：X社の保険で補償。
損害賠償請求②：X社の保険は保険期間外のため補償の範囲外。B社の保険は免責事由（B社の子会社になる前の行為を原因とする行為の免責等）に該当するため、いずれの保険でも補償されない。
損害賠償請求③：B社の保険で補償。
⇒損害賠償請求②を補償する必要あり。

7　B社の保険の対象にX社を含めない場合には、X社が自社の保険を解約せず、B社の子会社となった後の原因に基づく損害賠償請求も補償するよう、X社の保険契約の変更をすることも考えられる。

<イメージ③[8]（子会社譲渡・子会社化の効力が生じるタイミングと保険期間の差も考慮に入れた場合の概要）>

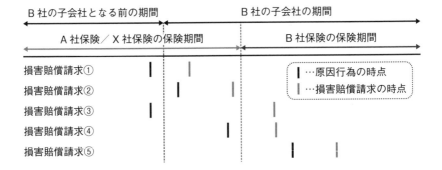

イメージ①（子会社を譲渡した場合の子会社役員の補償）の場合

	原因行為の時点		損害賠償請求の時点				
	保険期間	親会社	保険期間	親会社	A社保険による補償	B社保険による補償	補償の検討
①	A社	A社	A社	B社	○	×（B社保険の保険期間外）	
②	A社	B社	A社	B社	×（A社の子会社であった時点の行為でないため免責）	×（B社保険の保険期間外）	検討必要
③	A社	A社	B社	B社	×（A社保険の保険期間外）	×（B社の子会社であった時点の行為ではないため免責）	検討必要
④	A社	B社	B社	B社	×（A社保険の保険期間外）	×（初年度契約前の原因に基づく行為は免責事由に該当する可能性あり）	検討必要
⑤	B社	B社	B社	B社	×	○	

---

8 B社の子会社となった後（赤色点線から紫色点線の期間）も、保険期間の更新日（紫色点線）までは、A社はX社を保険の対象から除外せず、B社もX社を保険の対象としない前提。

イメージ②(他の会社の子会社となった場合の自社の役員の補償)の場合

	原因行為の時点		損害賠償請求の時点				
	保険期間	親会社	保険期間	親会社	X社保険による補償	B社保険による補償	補償の検討
①	X社	なし	X社	B社	○	×(B社保険の保険期間外)	
②	X社	B社	X社	B社	×(B社の子会社となった後の行為を原因とする損害賠償請求のため免責)	×(B社保険の保険期間外)	検討必要
③	X社	なし	B社	B社	×(X社保険の保険期間外)	×(B社の子会社であった時点の行為ではないため免責)	検討必要
④	X社	B社	B社	B社	×(X社保険の保険期間外)	×(初年度契約前の原因に基づく行為は免責事由に該当する可能性あり)	検討必要
⑤	B社	B社	B社	B社	×(X社保険の保険期間外)	○	

以上

〔資料2〕

　　　　　　　　法的論点に関する解釈指針（抜粋）

　　　　　　　　　　　　（前略）

第3　役員就任条件

１．共通して考慮すべき点

　○　役員就任条件は、業務執行者に適切なインセンティブを与え、過度にリスクを回避しないようにするための、コーポレート・ガバナンス上の重要な仕組みの一つである。
　○　下記2．から5．の点は、役員就任条件を構成する要素であり、考慮すべき点は共通する。
　○　具体的には、＜Ⅰ＞インセンティブとしての機能と＜Ⅱ＞決定手続における構造的な利益相反という点に着目すべきである。
　　　＜Ⅰ＞　インセンティブとしての機能：職務執行から得られる利益とそれから生じ得るリスクが一体として、将来の会社の利益を生み出す職務執行のインセンティブとして機能すること。
　　　＜Ⅱ＞　決定手続における構造的な利益相反：会社からの財産の支出（会社が有する財産権が行使されないことを含む。）により役員が利益を得る関係にあり、決定手続に構造的な利益相反があること。
　○　＜Ⅰ＞及び＜Ⅱ＞の点について、社外取締役が監督を行うことにより、会社の意思決定の適法性や合理性を高めることができる（上記第2の1．参照）。

　　　　　　　　　　　　（中略）

3. 会社補償

(1) 検討の視点

- 会社補償とは、役員が損害賠償責任を追及された場合に、会社が当該損害賠償責任額や争訟費用を補償することである。
- 会社補償は、一定の範囲で一定の要件を満たせば（下記(2)）、現行法のもとでも認められる。
- 適法性及び合理性を担保する視点として、上記インセンティブとしての機能と決定手続において構造的に利益相反類似の関係にあることを考慮することが重要である。

ア インセンティブとしての機能
- 適切な補償条件の設定により、リスクが適切に軽減され、憂い無く職務執行することが可能となるから、会社補償は職務執行のインセンティブに影響する。インセンティブとしての機能の観点から、社外取締役が監督①を行い、適法性や合理性を確保することができる。
- また、過大な補償により、違法抑止機能が減殺されることは、インセンティブの機能の観点からも適切でない場合がある。このため、補償の要件や対象等は、違法抑止機能が減殺されないよう、適切に設定されるべきである。
- この点に関して[17]、故意により任務を怠った場合は、職務執行から生じる不可避的なリスクとは言えないため、補償の対象から除外すべきである。また、任務を怠ったことに重過失がある場合も、故意に準じた場合として、補償の対象から除外することも考えられる。

イ 決定手続における構造的な利益相反類似の関係
- 役員が会社財産に対して実質的に求償する関係にあることから、決定手続に構造的な利益相反類似の関係がある。
- こうした関係にあることから生じ得る懸念を解消するため、取締役

---

17 下記(2)ウ「補償の要件」参照。

　　　　会決議を得ておくことが考えられる[18]。
　　○　さらに、社外取締役が監督②を行い、適法性や合理性を確保することができる。

(2) 考えられる手続等

　　○　上記(1)を踏まえて、例えば[19]、以下の内容を満たすものについては、現行法においても、適法に会社補償ができる[20]。

　ア　事前の補償契約の締結
　　○　事前に会社と役員との間で補償契約を締結し、その内容に従って補償する。

　イ　補償契約締結の手続[21]
　　(ア)　利益相反の観点からの取締役会決議
　　(イ)　社外取締役の関与[22]（以下のいずれか）
　　　①　社外取締役が過半数の構成員である任意の委員会の同意を得ること
　　　②　社外取締役全員の同意を得ること

　ウ　補償の要件
　　○　職務を行うについて悪意又は重過失がないことを補償の要件とする

　エ　補償の対象

18　注21に記載のとおり、補償すること等は職務執行のための費用の支給であるため、法律上の利益相反取引の承認（会社法365条、会社法356条）は必要ないと考えることもできるが、利益相反類似の関係にあることから生じ得る懸念に対応する必要があることを考慮して、取締役会決議による承認を得ておくことが考えられる。
19　適法に行うことができる手続の一例を示したものであり、その他の手続について述べるものではない。
20　「受任者は、委任事務を処理するため自己に過失なく損害を受けたときは、委任者に対し、その賠償を請求することができる」（民法650条3項）ことから、役員に「過失」の無い場合の争訟費用等は、会社が支払わなければならない（会社法330条）。本文の記載は、民法650条3項に基づき補償しなくてもよい場合について述べたものである。

○　職務の執行に関する以下のものを対象とすること
　　　①　第三者に対する[23]損害賠償金
　　　②　争訟費用[24]（民事上、行政上又は刑事上の手続において当事者等となったことにより負担する費用）

　オ　補償の実行について
　　　以下のいずれかの方法による。
　　●　義務的補償：補償契約で定めた要件を満たした場合には、補償しなければならない。
　　●　任意的補償：補償契約で定めた要件を満たした場合には、補償契約の締結と同様の手続で、別途補償するか否かの判断[25]を行う。

21　報酬に関する株主総会決議（会社法361条1項）を得る必要はない。
　　仮に、補償契約を締結することや補償契約にしたがって補償することが報酬（会社法361条1項の「報酬等」）に該当する場合、株主総会の決議（会社法361条1項）が必要となる。他方で、職務執行のための費用として相当な額の支給は報酬に該当せず、民法の規定により支給が義務付けられる費用でなくても、株主総会の決議（会社法361条1項）を経ることなく支給することができる。
　　報酬と費用のいずれに該当するかは、①職務との関連性、②職務執行のための必要性、③取締役が職務を離れて私的な便益を受けているかを総合考慮して、判断すべきである。
　　本文に記載した範囲で認められる会社補償は、職務執行に関するもののみ補償の対象としていること（(2)エ）、職務を行うについて悪意又は重過失がないことを要件としていること（(2)ウ）から、①補償の対象は職務との関連性があるものに限定されており、②職務執行に際して役員個人に不可避的に生じてしまうリスクを補償するものであるから、適切なリスクをとりつつ会社の利益を生み出す職務執行を行わせる観点から必要性があり、③職務を離れて私的な便益を受けることはないと言える。
　　したがって、報酬に関する株主総会の決議（会社法361条1項）は必要ない。
22　社外取締役の関与は、監督②（利益相反の監督）に限らず、監督①（インセンティブ付けによる監督）の観点からも求められるものである。
23　会社に対する責任は、会社法上の責任減免規定（会社法424条から427条まで等）があるため、対象としない。
24　争訟費用については、会社に対する責任に関する場合も含む。
25　補償の判断を行う場合においても、社外取締役の関与は、監督②（利益相反の監督）に限らず、監督①（インセンティブ付けによる監督）の観点からも求められるものである。

4．会社役員賠償責任保険（D&O 保険）の保険料負担

(1) 株主代表訴訟担保特約の保険料負担に関する実務

○ 実務上、会社役員賠償責任保険（以下、「D&O 保険」という）の保険料のうち、株主代表訴訟担保特約（代表訴訟に敗訴した場合における損害賠償金と争訟費用を担保する特約）部分の保険料[26]（以下、「本保険料」という）は、役員個人が経済的に負担している。

○ この実務は、本保険料を会社が負担してよいかにつき解釈上の争いがあったためであり、実務上安全策をとったものである。

(2) これからの考え方

ア　会社が本保険料を負担することの可否
○ 役員が会社に対して損害賠償責任を負うことにより、①会社の損害が回復され（損害填補機能）、②違法行為が抑止される効果（違法抑止機能）がある。
○ D&O 保険は、役員の損害賠償責任を填補するものであるから、会社が本保険料を負担することにより、これらの機能が害されないことが重要である。
○ ①損害填補機能の観点からは、D&O 保険により会社の損害が回復されるから、会社が本保険料を負担して保険に加入することは、何ら妨げられるものではない。
○ ②違法抑止機能の観点からも、我が国の標準的な D&O 保険は、犯罪行為や法令違反を認識しながら行った行為等の悪質な行為は免責としており、カバーしているのは職務執行から生じる不可避的な生じるリスクである。よって、不適切なインセンティブが設定されることはなく、違法抑止の観点から問題はない。
○ したがって、会社が本保険料を負担してよい。

26　会社が役員に対して損害賠償請求した場合も補償する D&O 保険においては、当該補償部分に関する保険料負担について、本保険料と同様の考え方があてはまる。

イ　会社が本保険料を負担する場合に必要となる手続
　　○　例えば[27]、以下の手続を経ることにより、現行法においても、適法に会社が本保険料を負担することができる。
　　○　まず、利益相反の観点からの取締役会の承認が必要となる[28]。
　　○　また、D&O保険はインセンティブとしての機能を有することや、決定手続における利益相反も踏まえて、以下のいずれかの方法により、社外取締役が監督①や監督②を行い、適法性や合理性を確保する。
　　　①　社外取締役が過半数の構成員である任意の委員会の同意を得ること
　　　②　社外取締役全員の同意を得ること

　　　　　　　　　　　　　　（後略）

27　適法に行うことができる手続の一例を示したものであり、その他の手続について述べるものではない。
28　必ずしも法律上の利益相反取引についての取締役会の決議が必要ないと考えることができる点については、会社補償と同様。

〔資料3〕

個人課税課情報 法人課税課情報	第2号 第1号	平成28年2月24日	国税庁 個人課税課 法人課税課

新たな会社役員賠償責任保険の保険料の税務上の取扱いについて（情報）

　標題のことについて、経済産業省から照会があり、これに対して次のとおり回答しましたので、今後の執務の参考とされたい。

（照会要旨）

1　会社法の解釈の明確化
　(1)　従前の取扱い
　　　会社役員賠償責任保険は、会社法（商法）上の問題に配慮し、従前、普通保険約款等において、株主代表訴訟で役員が敗訴して損害賠償責任を負担する場合の危険を担保する部分（以下「株主代表訴訟敗訴時担保部分」といいます。）を免責する旨の条項を設けた上で、別途、当該部分を保険対象に含める旨の特約（以下「株主代表訴訟担保特約」といいます。）を付帯する形態で販売されてきました。
　　　また、株主代表訴訟担保特約の保険料についても、会社法（商法）上の問題に配慮し、これを会社が負担した場合には、会社から役員に対して経済的利益の供与があったものとして給与課税の対象とされていました（別添「会社役員賠償責任保険の保険料の税務上の取扱いについて」参照。）。
　(2)　会社法の解釈の明確化
　　　このような状況の中、コーポレート・ガバナンス・システムの在り方に関する研究会（経済産業省の研究会）が取りまとめた報告書「コーポレート・ガバナンスの実践～企業価値向上に向けたインセンティブと改革～」（平成27年7月24日公表）においては、会社が利益相反の問題を解消するための次の手続を行えば、会社が株主代表訴訟敗訴時担保部分に係る保険料を会社法上適法に負担することができるとの解釈が示されました（当該報告書の別紙3「法的論点に関する解釈指針」11～12頁参照）。

158

① 取締役会の承認
　② 社外取締役が過半数の構成員である任意の委員会の同意又は社外取締役全員の同意の取得

2　新たな会社役員賠償責任保険の保険料の税務上の取扱い
　今般の会社法の解釈の明確化を踏まえると、会社が株主代表訴訟敗訴時担保部分に係る保険料を会社法上適法に負担することができる場合には、株主代表訴訟敗訴時担保部分を特約として区分する必要がなくなることから、普通保険約款等において株主代表訴訟敗訴時担保部分を免責する旨の条項を設けない新たな会社役員賠償責任保険の販売が想定されます。
　以上を踏まえると、今後の会社役員賠償責任保険の保険料の税務上の取扱いはどのようになりますか。

（注）　損害保険会社各社において、普通保険約款等の変更に時間を要する等の事情があることも考慮し、普通保険約款等を変更するまでの暫定的な取扱いとして、普通保険約款等において設けられている株主代表訴訟敗訴時担保部分を免責する旨の条項を適用除外とし、普通保険約款等の保険料と株主代表訴訟敗訴時担保部分の保険料が一体と見なされる旨の特約を追加で付帯したものについても新たな会社役員賠償責任保険に含まれるものと考えます。

（回答）
　〇　照会内容を前提にすれば、今後の会社役員賠償責任保険の保険料の税務上の取扱いについては、以下のとおりに取り扱われるものと考えます。
　　① 新たな会社役員賠償責任保険の保険料を会社が上記1(2)①及び②の手続きを行うことにより会社法上適法に負担した場合には、役員に対する経済的利益の供与はないと考えられることから、役員個人に対する給与課税を行う必要はありません。
　　② 上記①以外の会社役員賠償責任保険の保険料を会社が負担した場合には、従前の取扱いのとおり、役員に対する経済的利益の供与があったと考えられることから、役員個人に対する給与課税を行う必要があります。

〔資料4〕

課法 8-2
課所 4-2
平成6年1月20日

国税局長　殿
沖縄国税事務所長　殿

国税庁長官

会社役員賠償責任保険の保険料の税務上の取扱いについて

　標題のことについて、社団法人日本損害保険協会から別紙2のとおり照会があり、これに対し当庁課税部長名をもって別紙1のとおり回答したから了知されたい。

別紙1

課法 8-1
課所 4-1
平成6年1月20日

社団法人　日本損害保険協会
　常務理事　〇〇〇〇　殿

国税庁 課税部長
〇〇〇〇

会社役員賠償責任保険の保険料の税務上の取扱いについて
（平成6年1月19日付協火新93-46号照会に対する回答）

　標題のことについては、貴見のとおり解して差し支えありません。
　なお、照会事項2に例示された「保険料負担の配分方法」は、経営活動等の状況からみて、その法人にとっての合理性があり、かつ、課税上の弊害も生じない場合に限り認められるものであることを、念のため申し添えます。

資料編

別紙2

協火新93-46号
平成6年1月19日

国税庁　課税部長
○○○○　殿

社団法人　日本損害保険協会
常務理事　○○○○

会社役員賠償責任保険の保険料の税務上の取扱いについて（照会）

　拝啓　時下ますますご隆昌のこととお慶び申し上げます。
　弊業界につきましては、毎々格別のご高配を賜り厚く御礼申し上げます。
　さて、損害保険各社は、3年前より大蔵省のご認可をいただき会社役員賠償責任保険を販売してまいりました。開発の当時は主に海外において事業活動を行っている企業の役員が、海外で訴訟に巻き込まれる危険を想定しておりました。特に、役員訴訟がわが国とは比較にならない程多数提起されている米国におけるリスクを考え、英文にて約款を作成いたしました。その結果、わが国においては株主代表訴訟の提起が極めて稀であったことと相まって、本保険に対する関心はあまり高くなく、事実契約数も少数に留まっておりました。
　しかしながら、平成5年の商法改正を機に、特に、株主代表訴訟で役員敗訴のケースに対するリスクを担保する保険料を会社が負担することは、商法上問題ではないかとの指摘が出てまいりました。
　そこで、損害保険各社としては、かかる商法上の問題に配慮し、契約者の自由な選択に応え得る商品を提供すべく、このたび新たな和文約款及び英文約款にもとづく会社役員賠償責任保険の認可を取得いたしました。
　この新約款では、株主代表訴訟で被保険者が損害賠償責任を負う場合は普通保険約款では免責とし、このリスクの担保を契約者が希望する場合は、別途保険料を領収して特約条項を付すことと致しました。これにより、契約者は、普通保険約款で担保するリスクに相当する保険料と特約保険料とを明確に区分して保険会社に支払うことも可能となるなど、商法問題に配慮した契約を行うことが可能となりました。
　つきましては、この新約款による会社役員賠償責任保険の保険料の税務上の取扱いについて、下記の通り取り扱われるものと解して差し支えないかどうかご照

会申し上げます。

敬具

記

1　支払保険料の税務処理
 (1)　基本契約（普通保険約款部分）の保険料
　　　基本契約に係る保険料を会社が負担した場合の当該保険料については、役員個人に対する給与課税を行う必要はないものとする。
　　（理由）
　　　① 　第三者から役員に対し損害賠償請求がなされ役員が損害賠償責任を負担する場合の危険を担保する部分の保険料は、所得税基本通達36-33及び法人税基本通達9-7-16の趣旨に照らし、この部分の保険料を会社が負担した場合であっても、役員に対する経済的利益の供与はないものとして給与課税を行う必要はない。
　　　② 　役員勝訴の場合の争訟費用を担保する部分の保険料は、役員が適正な業務執行を行い損害賠償責任が生じない場合にその争訟費用を担保する保険料であり、この部分の保険料を会社が負担した場合であっても、役員に対する経済的利益の供与はないものとして給与課税を行う必要はない。
 (2)　株主代表訴訟担保特約の保険料（特約保険料）
　　　この特約保険料について、契約者は商法上の問題を配慮し役員個人負担又は役員報酬から天引きとすることになると考えられるが、これを会社負担とした場合には、役員に対して経済的利益の供与があったものとして給与課税を要する。

2　保険料負担の配分方法
 (1)　特約保険料の役員間の配分について
　　　取締役の報酬の総額及び監査役の報酬の総額は定款又は株主総会の決議により定めることになっているが、通常その配分は取締役会及び監査役の協議に委ねられている。したがって、特約保険料の役員間の配分もまた取締役会及び監査役の協議において合理的な配分方法を定め得るものと考えるが、実務上は、次のいずれかの方法など合理的な基準により配分を行った場合に

は、課税上許容される。
① 役員の人数で均等に分担する方法
　　役員は会社に対し連帯して責任を負うものとされていることを考慮し、役員全員において均等に負担する方法（無報酬あるいはごくわずかな役員報酬しか得ていない取締役にまで均等に負担させることが適当でないと認められる場合には、その者への配分割合を縮小もしくは配分しない方法を含む。）
② 役員報酬に比例して分担する方法
　　役員と会社との関係は有償の委任及び準委任と解されており、報酬に差がある以上危険負担も同程度の差があると考えられることから、報酬額に比例して保険料を負担する方法
③ 商法上の区分別に分担する方法
　　商法に定められた代表取締役、取締役、監査役ごとにそれぞれの役割に応じた額を定める方法
(2) 保険料の会社間の配分方法について
　　子会社を含めた契約を契約者が希望する場合は、保険料は一括して算定されることになるが、契約に当たっては、保険会社からそれぞれの子会社ごとの保険料を内訳として示すこととしていることから、契約者においては、これに従って各社ごとの配分額を決定する。

以上

〔資料5〕
新しいD&O保険への実務対応
―保険料全額会社負担の解禁を受けて―

弁護士　武井　一浩
弁護士　松本　絢子

一　D&O保険をめぐる近時の動き

　2015年7月24日、経済産業省の「コーポレート・ガバナンス・システムの在り方に関する研究会」（以下「経産省研究会」という）より、報告書「コーポレート・ガバナンスの実践～企業価値向上に向けたインセンティブと改革～」（以下「研究会報告書」という）が公表された。この研究会報告書では、わが国の企業がグローバル競争に打ち勝つために、中長期的な企業価値向上のための適切なインセンティブ付けという観点から、コーポレート・ガバナンス・システムのあり方を説くとともに、研究会報告書別紙3「法的論点に関する解釈指針」（以下「本解釈指針」という）として、取締役会の上程事項、社外取締役の役割・機能等、役員就任条件、株式報酬といった、従来明確な解釈がなされていなかった法的論点について指針を示したことで、実務界から注目を浴びており、これらの制度の積極的な活用が期待されている。

　特に会社役員賠償責任保険（いわゆるD&O保険）は役員就任条件の一つとしてきわめて重要である。国内外から優秀な人材を確保し、適切なインセンティブを創出するためには、各企業は、ただD&O保険に加入しているというだけではなく、諸外国とのイコールフッティングの観点も踏まえて、自社に最適な契約内容のD&O保険を備える必要がある。そこで、本解釈指針においても「会社役員賠償責任保険（D&O保険）の保険料負担」に関する論点がとり上げられているほか、研究会報告書別紙2「会社役員損害賠償責任保険（D&O保険）の実務上の検討ポイント」として、D&O保険の検討に際して実務上確認することが有益と思われる事項が示されている（これまでの経緯について**図表1**参照）。これらは今後各企業においてD&O保険に関する議論が実質化・活発化することにつながるであろう。

　本稿では、本解釈指針でとり上げられた「会社役員賠償責任保険（D&O保険）の保険料負担」に関する論点に焦点を当てる[1]。

　そもそもD&O保険の保険料を会社ではなく役員個人が負担しているのは、主

要国でも日本くらいであった[2]。そして、たとえば支払限度額の引上げや自社に最適な契約内容へのカスタマイズなどは保険料の増加にはねることがあり得るが、一部であっても役員個人が保険料を負担することになるため、日本企業の多くはこれまでそのような検討を積極的に行わずにきたのではないかと推測される。また、会社法学界においても、役員個人負担の不合理性を指摘する議論は多く主張されてきたところである[3]。

　本解釈指針では保険料の全額会社負担に当たり必要となる手続として、①取締役会の承認と②社外取締役全員の同意等が挙げられているが、本解釈指針はあくまで現行の会社法の解釈論の世界を前提として公表されたものであることもあり、このような手続は最も慎重・堅い手続として提言されているものと考えられる[4]。米国ではかかる手続さえも要求されていないこと等に鑑みると、立法論としてはさらに緩い手続とすることも可能であろうし、また解釈論としても本解釈指針で述べられている手続以外であっても、会社法上役員報酬に該当しない形で適法に保険料の全額会社負担が可能となる場合があり得ると考えられる。少なくとも保険料の全額会社負担に当たり本解釈指針で提言された手続を経ている場合については、会社法上、役員報酬の支給には該当せず、報酬規制が適用されないことは明確であるといえよう。

　そして従前、D&O 保険の保険料の役員個人負担部分の存在は、（その個人負担部分が保険料全体の 10％程度であるといえども）日本の上場企業集団における D&O 保険によるプロテクションが他の主要国の企業に比べあまりに少額であることの実務上の大きな要因となっていたと考えられる。そこで、今回の D&O 保険の保険料全額会社負担の解禁は、（特に厳しい国際競争で挑戦を続けている）日本の多くの上場企業集団の役員が適切なリスクテイクを行い、真の意味で攻めのガバナンスを実践するための重要な環境整備の一つであるといえよう。

1　D&O 保険部分に関連した本解釈指針の解説として、神田秀樹＝中原裕彦＝中江透水＝武井一浩「〈座談会〉『コーポレート・ガバナンスの実践』に関する会社法の解釈指針について」商事法務 2079 号（2015）4 頁以下、中原裕彦＝梶元孝太郎「コーポレート・ガバナンスの実践（下）——企業価値向上に向けたインセンティブと改革——」商事法務 2078 号（2015）17 頁以下など。

2　山下友信＝山下丈＝増永淳一＝山越誠司＝武井一浩「〈座談会〉役員責任の会社補償と D&O 保険をめぐる諸論点（下）」商事法務 2034 号（2014）45 頁〜47 頁、経済産業省委託調査「日本と海外の役員報酬の実態及び制度等に関する調査報告鬱」（2015 年 3 月）130 頁（米国）、133 頁（英国）、136 頁（ドイツ）、139 頁（フランス）参照。

〔図表１〕D&O 保険に関するこれまでの主な経緯

1993 年 6 月 14 日	株主代表訴訟制度に関する商法改正（1993 年 6 月 14 日法律第 62 号）
1994 年 1 月 20 日	国税庁通達「会社役員賠償責任保険の保険料の税務上の取扱いについて」（課法 8－2、課所 4－2）
2015 年 7 月 24 日	経産省研究会による研究会報告書
2016 年 2 月 24 日	国税庁「新たな会社役員賠償責任保険の保険料の税務上の取扱いについて（情報）」（個人課税課情報第 2 号、法人課税課情報第 1 号）

3 山下友信「D&O 保険と会社法−ドイツ法の場合−」青竹正一先生古稀記念『企業法の現在』（信山社出版、2014）525 頁以下では、①「代表訴訟で敗訴し会社に対して責任を負う損害についてのみは代表訴訟特約として切り離し、それに係る保険料のみは会社は負担できず役員が個人で負担しなければならないが、実際はその個人負担保険料相当額は報酬に含まれているという技巧的なわが国の解釈と運用は、英米のみでなくドイツでもとられていない実務であり、国際的には特異なものといえる」、②「代表訴訟特約についてであるが、ドイツでは、役員の内部責任について有責の場合には、会社が損害を保険金によりてん補されるという理由づけをかなり重くみて、D&O 保険全体が会社の利益のための保険ということが導かれている。わが国で D&O 保険が導入された時期では、代表訴訟がどのように運用されていくかは未知数であり、D&O 保険の機能をどのように考えるべきであるかも概念的なものであったおそれがある。その後の代表訴訟事例の蓄積からは、代表訴訟で原告株主が勝訴する可能性は低いが、皆無ではなく、賠償額も保険の限度額とさほどかけ離れたものではないという事例も十分想定されるようになっている。その意味では、D&O 保険の会社の損害のてん補機能ということから、会社の利益となっている側面を評価し、代表訴訟特約の保険料を報酬として位置づける現在の取扱いを改めることは検討に値することではないかと思われる」、③「わが国では、株主代表訴訟の数が少なくなく、代表訴訟が提起されると、米国の会社法のようにこれを早期に集結させる手続的仕組みがなく、かつ経営判断原則（のようなもの）はあるとはいわれながら裁判所の取締役の注意義務に関する司法審査は詳細に行われるという実務の下では、最終的には被告となった役員が勝訴したとしても、役員にとっての負担は重いものがあり、D&O 保険があるから民事責任の抑止効が低下するという見方ができるとはにわかには考えられない」などの指摘がなされていた。
　山下友信編著『逐条 D&O 保険約款』（商事法務、2005）4 頁〔山下友信〕でも、「現在では、有力学説も、この保険が免責事由の規定により実質的には注意義務違反による責任を対象とするものであることに鑑み、取締役の職務執行上必然的に生ずるリスクであるから、有能な人材を取締役に獲得しかつ会社に生ずる損害をてん補する目的でこの保険を付すことは会社の利益になるとして会社が保険全体につき保険料を負担できるとする見解に対しても理解を示すようになっている」と述べられていた。
4 神田＝中原＝中江＝武井・前掲（注 1）26 頁〜27 頁〔神田発言〕参照。

二　D&O保険の保険料全額会社負担（新型 D&O 保険）
1　従前の取扱い

　従来のわが国の D&O 保険は、諸外国と比べて独特な構造をしており、普通保険約款と呼ばれる基本契約に「株主代表訴訟担保特約」という特約をセットで付するのが実務上一般的であった。そして、この株主代表訴訟担保特約部分に相当する保険料は役員が自己負担すべきものとされ、おおむね D&O 保険の保険料全体の 10％程度を役員個人が負担してきた。

　これは、株主代表訴訟担保特約は株主代表訴訟等で役員が敗訴した場合における損害賠償金やそれに伴う争訟費用を対象とするところ、1993 年の株主代表訴訟制度に関する商法改正（1993 年 6 月 14 日法律第 62 号）当時、このような補償を提供する保険について会社が保険契約者として保険料を負担することは実質的に会社法上の報酬規制（会社法 361 条）や役員の対会社責任における責任軽減制度（同法 425 条～ 427 条）を潜脱することにつながり法的に疑義があるという議論がなされたことから[5]、役員が株主代表訴訟に敗訴した場合について、普通保険約款では免責にするとともに、株主代表訴訟担保特約として普通保険約款から切り離した上で、当該特約部分につき役員個人が保険料を負担してきたという背景がある[6]。

　この役員負担部分については、実務上、会社が、役員報酬からの天引き等により役員個人から徴収して、普通保険約款部分の保険料と一括して支払手続を行っていることが多いと思われる[7]。

　なお、株主代表訴訟で役員が勝訴した場合の争訟費用は普通保険約款によりカバーされるため、会社がその他の部分と併せて保険料を負担していることになる。

2　本解釈指針で示された会社法上の取扱い（役員報酬ではなく費用に該当すること）

　本解釈指針では、他国の状況も踏まえ、適正性および合理性を担保するための

---

[5] 山下友信「会社役員賠償責任保険と会社法」同『商事法の研究』（有斐閣、2015）78 頁～ 84 頁、関俊彦「会社が負担する取締役賠償責任保険の保険料」鴻常夫先生古稀記念『現代企業立法の軌跡と展望』（商事法務、1995）88 頁～ 99 頁、102 頁～ 109 頁参照。
[6] 山下・前掲（注 3）逐条 3 頁～ 4 頁〔山下〕。
[7] 山下・前掲（注 3）逐条 12 頁～ 14 頁〔山下〕、江頭憲治郎『株式会社法〔第 6 版〕』（有斐閣、2015）483 頁参照。

一定の手続をとることを前提に、株主代表訴訟担保特約部分も含めて、会社がD&O保険の保険料を全額負担することを認め、その場合に報酬規制が適用されないという見解が示されている（本解釈指針第三４(2)）。会社法の趣旨に立ち返って検討を行い、会社がD&O保険の保険料を全額負担したとしても、①会社の損害回復という意味での損害填補機能が妨げられるものではなく、また、わが国の標準的なD&O保険が、犯罪行為や法令違反を認識しながら行った行為等の悪質な行為に起因する損害賠償請求を免責とし、職務執行から生じる不可避的なリスクをカバーするものであることを前提とすれば、②役員による違法行為の抑止という意味での違法抑止機能も害されないといえることから、会社がD&O保険の保険料を全額負担することも許容される旨述べられている。

役員報酬と職務執行のための費用のいずれに該当するのかについては、本解釈指針の脚注21記載のとおり、①職務との関連性、②職務執行のための必要性、③役員が職務を離れて私的な便益を受けているか等を総合考慮して判定されるべきであると解される[8]。

D&O保険の保険料についてみると、①D&O保険のカバー範囲は役員の業務執行行為に起因するものに限定されており、職務との関連性を有しており、②D&O保険は役員の職務執行に際して役員個人に不可避的に生じてしまう損害賠償責任等のリスクを補償するものであり、これによる適切なリスクの軽減が、適度にリスクをとりつつ会社の利益を生み出す職務執行を役員に行わせるという観点から、職務執行のために必要であり、③D&O保険の免責条項等に照らし、役員個人がその職務を離れて私的な便益を受けることはないといえよう。したがって、D&O保険の保険料は、職務執行のための費用に該当するものと考えられ、会社の規模等に照らし職務執行のための費用として社会通念上相当な額の支給である以上[9]、会社法上の報酬規制に従った手続を経る必要はないものと考えられる。

また、本解釈指針の考え方は、監査役会設置会社に限らず、監査等委員会設置会社、指名委員会等設置会社についても同様に妥当すると考えられる。

---

8 落合誠一編『会社法コンメンタール８―機関(2)』（商事法務、2009）151頁、428頁〔田中亘〕、高田剛『経営者報酬の法律と実務』別冊・商事法務285号（2005）25頁参照。

9 落合・前掲（注8）151頁、428頁〔田中〕。

3 税務上の取扱い（国税庁取扱い）

　税務上は、従来、普通保険約款部分の保険料を会社が支払った場合は会社の経費として処理できるが、株主代表訴訟担保特約部分の保険料を会社が支払った場合は、役員に対する報酬の中から支払っているものとして取り扱われ、給与課税の対象とされてきた[10]。

　しかし、今般、本解釈指針により会社による保険料の全額負担が会社法上許容されるとの解釈が示されたことに伴い、国税庁は、2016年2月24日、経済産業省からの照会に回答する形で、一定の場合には保険料を会社が全額負担しても役員個人に対する給与課税がなされないことを明らかにした（以下「国税庁取扱い」という）。

　具体的には、従前、普通保険約款においては免責とした上で特約として切り出されていた株主代表訴訟敗訴時担保部分につき、普通保険約款において免責とせずに合わせてカバーするという「新たな会社役員賠償責任保険」（以下「新型D&O保険」という）に係る保険料に関しては、本解釈指針で示されたように、会社が、①取締役会の承認、および②社外取締役が過半数の構成員である任意の委員会の同意または社外取締役全員の同意の取得という手続により、会社法上適法にD&O保険に係る保険料を全額負担する場合には、役員に対する経済的利益の供与はないとして、役員個人に対する給与課税を行う必要はないものとされている[11]。

　なお、普通保険約款を変更するためには金融庁の認可を得る必要があること（保険業法4条2項3号、123条1項、313条1項）も考慮し、暫定的な取扱いと

10　1994年1月20日付国税庁通達「会社役員賠償責任保険の保険料の税務上の取扱いについて」（課法8-2、課所4-2）は、「契約者は商法上の問題を配慮し役員個人負担または役員報酬から天引きとすることになると考えられるが、これを会社負担とした場合には、役員に対して経済的利益の供与があったものとして給与課税を要する」とした上で、保険料負担の配分方法として、役員間では、①役員の人数で均等に分担する方法、②役員報酬に比例して分担する方法、③商法上の区別如に分担する方法（代表取締役、取締役、監査役ごとにそれぞれの役割に応じた額を定める方法）のいずれかの方法など合理的な基準により配分を行った場合には課税上許容されるとする。

11　本解釈指針および国税庁取扱いの要件を満たした新型D&O保険の保険料は、会社側の損金算入についても、（定期同額給与や事前確定届出等の）役員報酬に関する規律ではなく、費用に関する規律が基本的に適用されるものと考えられる。かかる要件を満たした新型D&O保険の保険料は、会社自体が支出すべき費用に該当するといえることから、現行の旧来型の契約の普通保険約款部分について会社の損金として取り扱われているのと同様、基本的に会社側の損金として取り扱われるものと考えられよう。

して、普通保険約款等において設けられている株主代表訴訟敗訴時担保部分を免責する旨の条項を適用除外とし、普通保険約款等の保険料と株主代表訴訟敗訴時担保部分の保険料が一体とみなされる旨の特約を追加で付帯したものについても、新型D&O保険に含まれるものとされている。

かかる国税庁取扱いの公表を受けて、保険会社は、当該特約を付する形で、保険料の全額会社負担に対応した新しいD&O保険の販売を開始している。

なお、新型D&O保険ではない旧来型のD&O保険について保険料を全額会社負担とした場合には、従前と同様、役員個人に対する給与課税の対象となるため、留意する必要がある。

4 保険料全額会社負担のための社内手続

本解釈指針では、会社が保険料を全額負担するに当たり必要となる手続として、会社法上の規律に照らして、①取締役会の承認、および②社外取締役が過半数の構成員である任意の委員会の同意または社外取締役全員の同意の取得という手続を経ることが挙げられている。また、国税庁取扱いにおいても、①②の手続を経た新型D&O保険について、役員個人に対する給与課税を行う必要はないことが述べられている。

この①②の手続は、本解釈指針の脚注27に記載されているように、D&O保険の保険料を適法に全額会社負担とするために考えられる手続の一例として示されているものにすぎず、（役員報酬に該当することなく、職務執行のための合理的な費用として）会社が保険料を全額負担するための会社法上の手続として①②以外の手続を一切排除する趣旨ではないと考えられる。

(1) 取締役会の承認

ここでいう取締役会の承認とは、本解釈指針の脚注28でも述べられているとおり、厳格な意味での会社法上の利益相反取引に係る取締役会の承認そのものではないと考えられる。

会社法上、利益相反取引については、取締役会において当該取引につき重要な事実を開示し、その承認を受けた上で、当該取引をした取締役は当該取引後遅滞なく当該取引についての重要な事実を取締役会に報告しなければならない（会社法365条、356条1項2号・3号）。しかし、D&O保険の保険料を会社が負担することは、職務執行のために必要な費用の支出であって、会社法上の利益相反取引規制が直接適用されるものではないと考えられる。

もっとも、実質的には、役員が損害賠償責任等を負担する場合にD&O保険によってその損害を填補することになるため、会社からの財産の支出が最終的に役員が利益を得ることにつながる可能性があるという点で、その実質的・構造的な利益相反性に配慮した手続を経るべきであるとの慎重な考え方もあり得よう。

 そこで、D&O保険の保険料は、会社法上の利益相反取引規制が直接適用されるわけではないものの、取締役会の承認（および後記の社外取締役全員の同意等）等の実質的・構造的利益相反性に係る懸念を解消できる適正な手続を経ている場合には、職務執行のための費用として相当な範囲で、会社法上も適法に会社が保険料を全額負担することができるものと考えられる。

(2) **社外取締役が過半数の構成員である任意の委員会の同意または社外取締役全員の同意**

 本解釈指針では、取締役会の承認に加えて、社外取締役の関与、具体的には、(i)社外取締役が過半数の構成員である任意の委員会の同意を得ること、または(ii)社外取締役全員の同意を得ることという2つの選択肢が挙げられている。

 任意の委員会とは、社外取締役が過半数の構成員である会議体であればよく、法定の委員会でも任意の委員会でもよいし、D&O保険の目的のためだけに委員会を設置する必要もないと考えられる。

三　実務上の諸論点
1　社外取締役の同意等の意義

 保険料全額会社負担のための社内手続として社外取締役の関与が挙げられているのは、実質的・構造的利益相反に係る監督機能（本解釈指針では「監督②」と呼ばれている）のみならず、業務執行の適切な評価を通じたインセンティブ付けによる監督機能（本解釈指針では「監督①」と呼ばれている）が期待されていることが理由と考えられる[12]。

 ここでは社外監査役等について特段の言及がなされていないが、監査役、監査委員および監査等委員（以下「監査役等」という）には、取締役会承認の際に意見や異議を述べる権限があり（当該異議等が放置された場合、監査役等には監査

---

12 社外取締役の役割・機能については本解釈指針第二1参照。

報告を行う会社法上の権限もある)、現実問題としても、優良な上場会社では監査役等から適正な異議等が述べられた場合にそれを放置して取締役会承認が強行される例は少ないと思われる。これに対して、社外取締役には、(監査委員や監査等委員を兼ねていない限り)監査役等と異なり、会社法上こうした特段の権限が付与されていない。そこで、「社外取締役全員が同意した」取締役会承認(または取締役会承認に加えて社外取締役が過半数の構成員である任意の委員会の同意を取得すること)として、多数決等による取締役会承認と比較して要件を加重することにより、前記の実質的・構造的利益相反の観点からの監督機能と適切なインセンティブ付けの観点からの監督機能とをさらに拡充する保守的な手続とすることが企図されているのではないかと考えることもできよう[13]。

また、現行法制下ではD&O保険の保険料は株主への開示対象とはなっていない(またD&O保険について保険料や支払限度額等の保険契約の内容を開示対象とすることには濫訴の懸念等から望ましくない面がある)ところ、社外取締役が過半数の構成員である任意の委員会の同意または社外取締役全員の同意(以下「社外取締役同意等」という)の手続がこうした株主からの監督の代替として機能することも考えられよう。

社外取締役全員からの同意の取得に際しては、社外取締役全員が一堂に会する方法以外に、個別に説明して同意を取得する方法、取締役会において社外取締役から意見を求めその意見を議事録その他の記録に残しておく方法など、いろいろな方法が考えられる。なお、社外取締役が1名しかいない場合、当該1名の同意でもよい。前述のように社外取締役同意等の手続は取締役会承認を念のため加重したものであり、社外取締役が1名であることが何らかの支障をもたらすわけではない。

2 取締役会承認その他取締役会関連の実務的事項

(1) 取締役会承認は、D&O保険契約締結前に得ることが必須というわけではなく、定例取締役会のタイミングが合わない場合等には、D&O保険契約締結後の取締役会において、事後的に、当該契約締結時点に遡って承認の効力を及ぼすことも可能であると考えられる。

---

13 監査役会設置会社などにおける取締役会は、the board/supervisory boardとしての機能だけでなくmanagement boardとしての機能も併せ持っていることから、こうした社外取締役の同意を付加することで、the board/supervisory boardとしての機能を加重したという表現もできるかもしれない。

(2) 取締役会承認の方法についてはさまざまな選択肢が考えられる。たとえば、①毎年取締役会決議をとる一番堅い方法のほか、②(ⅰ)新型D&O保険に切り替える初年度において「今後、(特段の変更決議がない限り)D&O保険の保険料は全額会社が負担し、役員にその実質的な負担を求めないものとする」旨の方針の取締役会決議をとった上で、(ⅱ)1年ごとのD&O保険の契約更新時に、新たな契約内容等[14]について取締役会で報告の上、社外取締役からも異議がない旨を確認しておく方法などが考えられる[15]。

(3) 取締役会決議を行う場合には、D&O保険の被保険者たる取締役を特別の利害関係を有する取締役(会社法369条2項)として議決から排除する必要はないものと考えられる。

　議決から排除すべき特別の利害関係とは、特定の取締役が当該決議について会社に対する忠実義務を誠実に履行することが定型的に困難と認められる個人的利害関係ないしは会社外の利害関係を意味すると解されている[16]。そもそも保険料の全額会社負担は、本解釈指針にも述べられているとおり、①D&O保険により役員の損害賠償責任が填補される結果、会社の損害が回復されることになりむしろ損害填補機能を実効化させることに加え、②日本の標準的なD&O保険においては犯罪行為や法令違反を認識しながら行った行為等の悪質な行為を免責としており、違法行為抑止機能の観点からも問題となるものではない。一般的なD&O保険は会社を保険契約者、会社役員全体を被保険者としていることから、特定の取締役が会社に対する忠実義務を誠実に履行すること

---

[14] D&O保険の契約内容について、基本的な条件(たとえば、保険会社、保険料、支払限度額、被保険者の範囲、免責事由、特約など)を大きく見直すような場合には、取締役会でその適否につき議論を行い、改めて取締役会承認等の手続を経ておくことも考えられよう。

[15] 近時、一般論として取締役会における決議事項のスリム化を図るべきという流れがある。そうした中、①D&O保険の保険料がそもそも役員の職務執行のための費用であること、②D&O保険は、補償契約や責任限定契約(会社法427条)と異なり、会社と役員個人との間の契約ではなく、会社と保険会社との間の契約であること、③役員個人との契約でかつD&O保険と比較して実質的・構造的利益相反性がより強い責任限定契約でさえも、実務上一般的に、当該役員が再任された場合にはその地位を喪失する時まで引き続き有効である等として、(定款に授権規定を設けた後、当初の責任限定契約締結時に取締役会の承認を得て以降)必ずしも任期ごとに契約の更新・改定につき取締役会の承認を経ているわけではないことなどに照らすと、取締役会承認を得る手法として「取締役会決議を毎年経ることが必須である」とまで考える必要はないのだろう。

[16] 落合誠一編『会社法コンメンタール8――機関(2)』(商事法務、2009)292頁～293頁〔森本滋〕。

が定型的に困難と認められる個人的利害関係ないしは会社外の利害関係を有する類型の取引には該当しないものと考えられる。

3　会社の監査役等が提訴した場合の免責を特約で除外している場合

株主代表訴訟制度では、監査役等が株主からの提訴請求を受けて 60 日以内に会社役員を提訴しない場合に株主に提訴権を与えている（会社法 847 条 3 項、386 条、399 条の 7、408 条）。かかる株主からの提訴請求を受けて、監査役等が会社役員を提訴する場合があるが、このように監査役等が提訴する場合を D&O 保険の補償対象から外すことの問題点は従前から議論があるところである[17]。通常の普通保険約款では、会社や他の被保険者による損害賠償請求については免責事由とされているが、前記のような株主からの提訴請求を受けて監査役等が会社役員を提訴する場合については D&O 保険の補償対象とする（免責対象から除外する）特約を付した D&O 保険も現に増えてきている[18]。

こうした監査役等の提訴を免責対象から除外する特約を付した新型 D&O 保険についてその保険料を全額会社負担とする場合にも、今回の本解釈指針および国税庁取扱いの考え方が妥当するものと考えられる[19]。

四　子会社役員を含めた D&O 保険の場合
1　論点の所在と射程

企業が D&O 保険に加入する際、子会社の役員なども付保対象とする場合がある。

今回の新型 D&O 保険に係る保険料の全額会社負担との関連では、上場会社の 100％子会社の役員が多重代表訴訟の対象になる場合（会社法 847 条の 3）に、

---

[17] 山下友信ほか「〈座談会〉役員責任の会社補償と D&O 保険をめぐる諸論点（下）」商事法務 2034 号（2014）47 頁、研究会報告書別紙 2「会社役員賠償保険制度の実務上の検討ポイント」5 頁など。

[18] この特約（会社訴訟補償特約）を設けるか否かを検討するに当たり、退任役員も補償の対象とした場合には、すでに退任して外部者となった旧役員に対して会社が責任追及する場面で、会社が保険料を支払っている D&O 保険から（免責事由等に当たらない場合には）当該退任役員が保険金を受け取る可能性があり、また、退任役員への補償により支払限度額が費消されてしまい、現役員への補償が不足する可能性があるといった側面をどう考えるのかがポイントとなる（山越誠司＝太田桂介＝増島陽香「会社全額負担へ変更可に――D&O 保険見直し時の検討事項」ビジネス法務 16 巻 6 号（2016）103 頁以下参照）。

[19] 本解釈指針第三 4(1)脚注 26 参照。

親会社が当該子会社役員まで一括して被保険者に含める形で新型 D&O 保険に加入する場面が一つの論点となる[20]。100％子会社の役員に対する多重代表訴訟対応に係る付保部分を含んだ一本の新型 D&O 保険契約の中で[21]、「親会社役員部分の保険料は会社費用とし、子会社役員部分の保険料は子会社役員の報酬とする」と区分した構成で処理することは、実務上の対応が難しいばかりか、理論上も整合的説明が困難であり、現実的な選択肢ではない。そこで、親会社が子会社役員まで一括して被保険者に含める形で新型 D&O 保険に加入する場合についてどのように取り扱うべきかが問題となる。

子会社役員を含めた D&O 保険における保険料の実質的負担者としては、現状、①保険料のうち各子会社において享受している被保険利益に相当する部分について当該子会社に負担を求め、当該子会社がそれに同意して負担する場合（子会社が按分負担する場合）と②一定の合理性[22]に基づいて親会社が子会社分も含めて全額負担する場合（親会社が全額負担する場合）とに分かれている。①②のいずれの場合になるのかは、各企業集団において経済合理性等を踏まえて適正に判断がなされている状況にある。

そして②の親会社が全額負担する場合については、子会社がその役員の株主代表訴訟敗訴時担保部分の保険料を負担するわけではないため、本解釈指針等が取り上げている D&O 保険の保険料負担に関する手続は、親会社についてだけ検討すれば足り、子会社について独立して問題とする必要がないものと考えられる。

そこで、以下では①子会社が按分負担する場合の子会社負担部分について検討する。

そして、今回の本解釈指針と国税庁取扱い等を踏まえると、少なくとも以下の

---

20 多重代表訴訟の対象とならない 100％子会社の場合でも、対第三者責任賠償等の観点から当該子会社の役員を親会社が加入する D&O 保険の被保険者とする場合があり得る。この場合には、当該子会社は多重代表訴訟を含め株主代表訴訟の対象とならない以上、株主代表訴訟敗訴時担保部分の論点はそもそも生じてこないわけで、当該子会社については、従前どおりの社内手続で保険料を会社負担とすることで特段問題が生じないものと考えられる。
21 各子会社でそれぞれ D&O 保険を持つ場合と比べ、親会社が一括して D&O 保険契約を締結したほうが、企業グループ全体での保険料は引き下げられることが多い。
22 被保険者となる子会社について無記名式である場合や親会社がグループにおけるリスク管理の一環として個別の子会社の意向に基づかずに付保する場合など、親会社が全額負担するという取扱いに合理性がある場合も多い。

2つのいずれかの手法がとられた場合[23]には、子会社役員の株主代表訴訟敗訴時担保部分につき、子会社分の保険料を全額子会社が負担したとしても、会社法上子会社役員に対する報酬に該当せず、また税法上も子会社役員に対する給与課税は生じないものと考えられよう。

2　具体的手法

(1)　ルートＡ：子会社において「取締役会承認＋社外取締役同意等の取得」を行う方法

第一のルート（ルートＡ）は、（親会社における①取締役会の承認および②社外取締役同意等の取得に加えて）子会社における①取締役会承認および②社外取締役同意等の取得という手続をとる手法である。対象となる子会社に社外取締役が置かれている場合には、選択肢としてルートＡをとり得る。

(2)　ルートＢ：完全親会社において子会社役員を被保険者とする部分も含め対応する方法

第二のルート（ルートＢ）は、①完全親会社において(i)取締役会の承認および(ii)社外取締役同意等の取得の手続を経るに当たって、（親会社役員に係る保険料を親会社役員に個人負担させないことに加えて）子会社役員に係る保険料を子会社役員に個人負担させないこと（子会社が保険料を全額負担すること）について併せて承認および同意等の対象とした上で、②（子会社役員に個人負担させないことについて）子会社全株主としての完全親会社の承認を行う（子会社側から表現するとその全株主である完全親会社からの承認を取得する）手法である。

ルートＢでは、子会社の全株主である完全親会社において子会社役員を被保険者とする部分につきこうした①②の手続がとられていることで、適切な評価を通じたインセンティブ付けによる監督機能の側面のみならず、子会社レベルでの実質的な利益相反処理の側面でも本解釈指針と同等（あるいは同等以上）の手続が会社法上実践されているといえる。ルートＢの①②の手続は、完全親会社役員部分を当該完全親会社が負担するための正当な手続（すなわち完全親会社役員について給与課税を受けないことを基礎づける手続）になると

23　論理的には他の手法もあり得ると考えられることから、ここで紹介する２つの手法以外を否定する趣旨ではない。

ともに、子会社役員について給与課税を受けないことを基礎づける手続としても機能することになる。

対象となる子会社に社外取締役が置かれていない場合には、このルートBが検討されることになろう。

3 100％子会社でない場合

100％子会社でない子会社（すなわち多重代表訴訟の対象とならない子会社）で少数株主からの代表訴訟リスクを勘案して子会社役員を親会社が契約した新型D&O保険の被保険者とする場合についてはどうか。

この場合も先ほどの2(1)(2)と同様のルートAとルートBが考えられようが、今回の本解釈指針と国税庁取扱い等を踏まえると、ルートBについては、親会社において前記2(2)の①の手続を経ていることに加え、②親会社と親会社以外の子会社株主全員から個別承認を得ておくことが考えられよう。

五 株式会社以外（一般社団法人等）におけるD&O保険について

今回の本解釈指針と国税庁取扱いは、株式会社におけるD&O保険について示されたものである。そのほか、たとえば一般社団法人の理事等、株式会社以外の形態におけるD&O保険の取扱いについては考え方が示されていない。

しかし本解釈指針等で示された役員報酬に該当せず費用に該当するとの立論は、一般社団法人等でも十分援用できる面がある。当該法人の根拠法規等から求められる同等の手続を経ることで所得課税の対象とならない余地があるのではないか、今後の議論の進展を期待したいところである。

委員略歴

```
委　員
```

落合　誠一（おちあい　せいいち）
＜略歴＞
東京大学名誉教授。専門は、商法、消費者法。1968 年、東京大学法学部卒業。東京大学法学部助手、成蹊大学法学部教授を経て、1990 年、東京大学法学政治学研究科・法学部教授、2007 年、中央大学法科大学院教授、同年、東京大学名誉教授。日本私法学会理事長、日本保険学会理事長、国民生活審議会会長等を歴任、現在は、自賠責保険審議会会長。
＜主要著作＞
『会社法要説〔第 2 版〕』（有斐閣、2016）、『消費者契約法』（有斐閣、2001）、『運送法の課題と展開』（弘文堂、1994）、『運送責任の基礎理論』（弘文堂、1979）ほか著作論文多数。

後藤　元（ごとう　げん）
＜略歴＞
東京大学大学院法学政治学研究科准教授。2003 年、東京大学法学部卒。東京大学大学院法学政治学研究科助手、学習院大学法学部専任講師、同・准教授を経て、2010 年より現職。2010 年～ 2013 年、法務省民事局調査員。2013 年～ 2015 年、ハーバード大学ロースクール東アジア法研究所客員研究員。
＜主要著作＞
『株主有限責任制度の弊害と過少資本による株主の責任——自己資本の水準から株主のインセンティブへ』（商事法務、2007）、『Comparative Corporate Law』（共著、West Publishing、2015）、「保険の事故・損害抑止機能と海上保険」飯田秀総ほか編『落合誠一先生古稀記念・商事法の新しい礎石』（有斐閣、2014）、「流通市場の投資家による発行会社に対する証券訴訟の実態」『江頭憲治郎先生古稀記念・企業法の進路』（有斐閣、2017）等。

武井　一浩（たけい　かずひろ）
<略歴>
西村あさひ法律事務所弁護士。1989年、東京大学法学部卒業。1991年、弁護士登録（43期）。1996年、ハーバード大学ロー・スクール卒業（LL.M.）。1997年、米国ニューヨーク州弁護士登録、同年オックスフォード大学院経営学修士（MBA）。
<主要著作>
『役員報酬改革論――日本経済復活の処方箋〔増補改訂版〕』（共著、商事法務、2016）、『企業担当者のための消費者法制実践ガイド』（共監修、日経BP社、2016）、『コーポレートガバナンス・コードの実践』（編著、日経BP社、2015）、『[対談集] 企業法制改革論――日本経済活性化に向けた提言〔Ⅰ〕〔Ⅱ〕』（中央経済社、2011・2013）ほか著作論文多数。

増永　淳一（ますなが　じゅんいち）
<略歴>
東京海上日動火災保険株式会社企業商品業務部責任保険グループ課長。1998年東京大学法学部卒、同年東京海上火災保険株式会社に入社。損害サービス部門、公務営業部門等を経て、2010年よりD&O保険をはじめとする賠償責任保険の商品開発業務に従事し、現在に至る。

松本　絢子（まつもと　あやこ）
<略歴>
西村あさひ法律事務所弁護士。2003年、上智大学法学部法律学科卒。2005年、弁護士登録（58期）。2012年、ノースウェスタン大学ロースクール卒業（LL.M.）。2012年～2013年、米国三菱商事会社および北米三菱商事会社（ニューヨーク）出向。
<主要著作>
「新しいD&O保険への実務対応〔上〕――保険料全額会社負担の解禁を受けて」旬刊商事法務2100号（2016）、「新しいD&O保険への実務対応〔下〕――保険料全額会社負担の解禁を受けて」旬刊商事法務2101号（共著、2016）、『『コーポレート・ガバナンスの実践』を踏まえた会社補償とD&O保険の在り方」損害保険研究302号（2016）、『金商法大系Ⅰ：公開買付け(1)』（共著、商事法務、2011）、『最新金融レギュレーション』（共著、商事法務、2009）ほか著作論文多数。

矢嶋　雅子（やじま　まさこ）
＜略歴＞
西村あさひ法律事務所弁護士。1992 年、慶應義塾大学法学部卒（LL.B.）。1994 年、弁護士登録（46 期）。2000 年、コロンビア大学ロースクール卒（LL.M.）。2001 年、米国ニューヨーク州弁護士資格取得。
＜主要著作＞
『企業担当者のための消費者法制実践ガイド』（監修、日経 BP 社、2016）、「ICSID 仲裁判断が米国・アルゼンチン間の二国間条約の適用の誤りがあることを理由としてアドホック委員会によって取り消された事例――Sempra 事件」三木浩一ほか編著『西村あさひ法律事務所高等法務研究所　理論と実務の架橋シリーズ・国際仲裁と企業戦略』（共著、有斐閣、2014）、『米国における企業活動に伴う訴訟手続の現状と弁護実務課題』ジュリスト 1474 号（共著、2014）、「M&A 等に関する判断と取締役の善管注意義務」神田秀樹＝武井一浩編『実務に効く M&A 組織再編判例精選』（ジュリスト増刊、2013）ほか著作論文多数。

山越　誠司（やまこし　せいじ）
＜略歴＞
オリックス株式会社リスク管理本部リスク統括部担当部長。1993 年、東洋大学大学院法学研究科博士前期課程修了。日産火災海上保険株式会社、エーオン・リスク・サービス・ジャパン株式会社、株式会社エヌ・エヌ・アイ、オリックス株式会社、フェデラル・インシュアランス・カンパニーを経て 2016 年、オリックス株式会社へ再入社。
＜主要著作＞
「D&O 保険における事故のおそれの判断基準」損害保険研究 305 号（2017）、「D&O 保険の戦略的な支払限度額増額」旬刊商事法務 2113 号（2016）、「D&O 保険の免責条項解釈と告知の分離条項」損害保険研究 303 号（2016）、「D&O 保険の国際化における視点と課題」旬刊商事法務 2094 号（2016）、「専門業務賠償責任保険の機能と新たな展開」損害保険研究 301 号（2016）、「金融機関専門業務賠償責任保険の有効性と限界――銀行業の事例を想定して」損害保険研究 299 号（2015）ほか著作論文多数。

[事務局]

田端　公美（たばた　くみ）
＜略歴＞
西村あさひ法律事務所弁護士。2004 年、京都大学法学部卒。2006 年、京都大学法科大学院修了。2007 年、弁護士登録（新 60 期）。2009 年〜 2012 年、経済産業省経済産業政策局産業組織課出向。2015 年、ペンシルバニア大学ロー・スクール卒業（LL.M.）。
＜主要著作＞
「役員報酬の構造改革――各スキームの有効性と総会付議事項の検討」ビジネス法務 17 巻 3 号（2017）、『ビジネス法体系・企業組織法』（共著、レクシスネクシス・ジャパン、2016）、「企業法務の視点から見た消費者契約法改正――経営法友会『消費者契約法専門調査会「中間取りまとめ」に対する意見』を素材として」NBL1062 号（2015）、『金商法大系Ⅰ：公開買付け(2)』（共著、商事法務、2012）、「類型ごとの課税繰延要件に要注意――米国組織再編税制のポイント」旬刊経理情報 1323 号（2012）ほか著作論文多数。

岩間　郁乃（いわま　あやの）
＜略歴＞
西村あさひ法律事務所弁護士。2010 年、東京大学法学部卒。2012 年、東京大学法科大学院修了。2013 年、弁護士登録（66 期）。
＜主要著作＞
『ビジネス法体系・企業組織法』（共著、レクシスネクシス・ジャパン、2016）、『危機管理法大全』（共著、商事法務、2016）、「社債権者集会決議による社債の元金減免の可否と社債権者の合理的意思決定」東京大学法科大学院ローレビュー第 7 巻（2012）。

成長戦略と企業法制
D&O保険の先端Ⅰ

2017年5月20日　初版第1刷発行

編　　者　D&O保険実務研究会

発行者　　塚　原　秀　夫

発行所　　㈱商　事　法　務
　　　　　〒103-0025 東京都中央区日本橋茅場町 3-9-10
　　　　　TEL 03-5614-5643・FAX 03-3664-8844〔営業部〕
　　　　　TEL 03-5614-5649〔書籍出版部〕
　　　　　　　　　　http://www.shojihomu.co.jp/

落丁・乱丁本はお取り替えいたします。　　　印刷／広研印刷㈱
© 2017 D&O保険実務研究会　　　　　　　　Printed in Japan
　　　　　　　　　　　Shojihomu Co., Ltd.
　　　　　　　　ISBN978-4-7857-2527-3
　　　　　　　＊定価はカバーに表示してあります。

JCOPY ＜出版者著作権管理機構　委託出版物＞
本書の無断複製は著作権法上での例外を除き禁じられています。
複製される場合は、そのつど事前に、出版者著作権管理機構
（電話 03-3513-6969、FAX 03-3513-6979、e-mail: info@jcopy.or.jp）
の許諾を得てください。